思想政治教育研究文库

——

高职院校文化育人
认知与行动

钟艳红　袁　希　主编

光明日报出版社

图书在版编目（CIP）数据

高职院校文化育人认知与行动 / 钟艳红，袁希主编
. -- 北京：光明日报出版社，2021.5

ISBN 978-7-5194-5994-9

Ⅰ.①高… Ⅱ.①钟… ②袁… Ⅲ.①高等职业教育
－文化素质教育－研究 Ⅳ.① G718.5

中国版本图书馆 CIP 数据核字（2021）第 077067 号

高职院校文化育人认知与行动
GAOZHI YUANXIAO WENHUA YUREN RENZHI YU XINGDONG

主　　编：钟艳红　袁　希

责任编辑：黄　莺　　　　　　　　责任校对：刘欠欠
封面设计：中联华文　　　　　　　责任印制：曹　净

出版发行：光明日报出版社
地　　址：北京市西城区永安路 106 号，100050
电　　话：010-63169890（咨询），010-63131930（邮购）
传　　真：010-63131930
网　　址：http://book.gmw.cn
E － mail：huangying@gmw.cn
法律顾问：北京德恒律师事务所龚柳方律师

印　　刷：三河市华东印刷有限公司
装　　订：三河市华东印刷有限公司
本书如有破损、缺页、装订错误，请与本社联系调换，电话：010-63131930

开　　本：170mm×240mm
字　　数：200 千字　　　　　　　印　　张：13
版　　次：2021 年 5 月第 1 版　　印　　次：2021 年 5 月第 1 次印刷
书　　号：ISBN 978-7-5194-5994-9

定　　价：85.00 元

前　言

党的十九大报告明确提出，要坚持中国特色社会主义文化发展道路，激发全民族文化创新创造活力，建设社会主义文化强国。十九届四中全会指出，必须坚定文化自信，牢牢把握社会主义先进文化前进方向，围绕举旗帜、聚民心、育新人、兴文化、展形象的使命任务，坚持为人民服务、为社会主义服务，坚持百花齐放、百家争鸣，坚持创造性转化、创新性发展，激发全民族文化创造活力，更好构筑中国精神、中国价值、中国力量。这充分反映了我们党对我国文化发展方向的科学把握和对文化建设的高度重视。职业教育作为一种区别于普通本科教育的类型教育，以培养应用型人才为主要目标，应充分重视和发挥文化的育人功效。

近年来，以重庆工业职业技术学院为代表的一批职业院校以立德树人为根本价值取向，以习近平新时代中国特色社会主义思想为引领，聚焦工匠精神的培育，围绕社会主义核心价值观、文化素质教育、劳动素养教育、校园育人氛围营造、中华优秀文化教育、高职院校思想政治理论课建设等问题，努力建构具有职业院校特色的校园文化生态系统，共同致力于时代新人的培育。

由重庆工业职业技术学院钟艳红、袁希主编的《高职院校文化育人认知与行动》文集，聚焦于"双高"战略下的校园文化建设实践，高度总结凝练校园文化建设的规律性成果，收录以重庆工业职业技术学院等高职院校为代表的专家学者关于高职文化育人的体系建设、载体创新以及路径探索等富有新意的论述。从不同篇章深入挖掘职业院校在校园文化建设中的典型案例，全面提炼院校师生在文化育人过程中的实践探索，系统总结校园文化建设及文化育人相关理论成果。

本书在汇编成册过程中，钟艳红、袁希老师负责统稿、审稿、校对、通读等工作。同时，感谢杨婧娴、江梦灵、黄靖、许尚立、王东颖、李塑、杨稀琴等老师负责了大量的收集整理工作。本书在编写过程中，参考了大量文献和研究成果，在此，谨向这些作者和研究者致以诚挚的谢意。由于编者水平有效，书中难免有一些偏颇之处，恳请专家、学者和读者批评指正。

编 者

2020年7月2日

目 录
CONTENTS

如何构建劳动教育整体生态 ①

日前，中共中央、国务院出台《关于全面加强新时代大中小学劳动教育的意见》（以下简称《意见》），十分及时、十分重要，《意见》一针见血地点出了当前青少年劳动观存在的问题，指明了新时代劳动教育改革和实践的方向，对促进青少年德智体美劳全面发展提供了重要遵循。

一、全面构建劳动教育生态迫在眉睫

针对当前劳动素质与劳动教育认识和现状，全国职业院校劳动教育研究院组织开展了大型在线问卷调查工作。调查对象包括教师、学生、工人、农民等社会各界人士；年龄阶段为6 ~ 61岁；问卷调查范围覆盖全国各地；调查持续时间为1个月；围绕对劳动及劳动教育的认识设计了20个相关问题，共收回8094

---

① 作者简介：王官成，陈磊，重庆工业职业技术学院。

份有效问卷。从问卷结果来看，认为自己对"劳动"的概念理解"非常明确"的人仅有30.71%；认为劳动就是体力劳动的人占69.01%；经常参加各类劳动的人占46.84%；认为当代人们的劳动观念不强烈的人占62.00%；认为现在人们劳动观念缺失的原因（多选）是社会重视不够的占54.78%，学校教育不力的人占40.82%，家庭教育缺乏的人占55.57%，个人认识原因的人占79.92%；认为接受劳动教育的主要途径是家庭和学校的人占87.58%。问卷结果较好地印证了《意见》中提出的"近年来一些青少年中出现了不珍惜劳动成果、不想劳动、不会劳动的现象，劳动的独特育人价值在一定程度上被忽视，劳动教育正被淡化、弱化"的问题。调查再次证明，要想积极发挥劳动教育独特的育人价值，必须全社会行动起来，积极构建全方位的劳动教育生态，这样才能从根本上提升劳动教育实效。

二、加快构建新时代劳动教育研究生态

研究为劳动教育提供理论支撑和实践探索经验提炼总结，劳动教育科学有效推进离不开劳动教育的科学研究。要提升研究实效，需要立足遵循劳动教育规律实际，将《意见》中关于劳动教育的指导思想和基本原则融入劳动教育的全过程，建立劳动教育研究交流机制，分层次、分阶段搭建各级各类劳动教育研究平台，设立劳动教育研究专项课题，培育梯队结构完善的研究团队，开展劳动教育教材特别是劳动实践指导手册编制，构建形成满足新时代育人需要的劳动教育全流程研究生态。

三、加快构建新时代家校劳动共育生态

《意见》指出，劳动教育需要家庭、学校和社会三方共同努力，"家庭要发挥在劳动教育中的基础作用""学校要发挥在劳动教育中的主导作用"。问卷调查结果再次充分证明了家庭和学校在劳动教育中具有不可替代的作用，且二者相辅相成、相互补充，过程交织不可分割，但又分工明确。一方面，将家庭劳动教育中养成的基本劳动习惯和学会的基本日常生活劳动技能带到学校，有效引导青少年解决校内自我生活劳动需要。另一方面，将学校劳动教育树立的劳动价值观和培养的专业劳动技能带回家庭，有效引导青少年更加积极主动参与家庭劳动。从而将劳动技能转化为生活技能、将生活技能转化为劳动技能，二者相辅相成，形成家校共育良性发展生态。

四、加快构建新时代劳动教育评价生态

评价具有"指挥棒"作用，正确的劳动教育评价机制将有利于推动劳动教育的落地落实，有利于促进学生形成正确的劳动教育价值观。劳动教育评价是一个广泛、系统的工程，需要通过形成全方位全系统科学的评价体系，构建劳动教育评价生态保障。劳动教育评价生态构建层面包括四个方面：地方党委政府方面，主要是统筹协调支持作用发挥、对劳动教育的职责落实、督导责任落地的评价、强化开展劳动教育质量监测；各级各类学校层面，主要是劳动教育课程开设情况、劳动教育教师的专业化

水平、各种保障落实情况等方面的评价；学生个人方面，主要是建立学生劳动素养评价制度，要健全将劳动素养纳入学生综合素质评价体系，制定评价标准，建立激励机制，建立公示、审核制度，形成评价结果运用、参考制度；第三方劳动教育评价方面，要立足劳动教育实施标准和人才培养体系，秉承科学、专业、公正的精神，开发劳动教育实施情况和效果评价及评价结果登记、查询记录平台，通过线上线下相结合的方式进行过程性或结果性评价。

五、构建新时代劳动教育舆论引导生态

《意见》中提出的树立正确的劳动价值观、养成科学的劳动精神、掌握基本劳动能力、形成良好的劳动习惯的劳动教育目标，绝非通过开设一些劳动教育课程、组织一系列劳动教育实践活动就能够实现的，而是需要立足问题本质，瞄准诉求，全面发力，积极构建全面覆盖的立体化舆论引导生态。党委政府加大权威发声，引导制定尊重劳动、保护劳动者的法律法规，从根本上改变人们对劳动和劳动者的认识，从根本上促进劳动教育。媒体要大力宣传辛勤劳动、诚实劳动、创造性劳动的典型人物和事迹，弘扬劳动光荣、创造伟大的主旋律，要积极宣传企事业单位和社会机构提供劳动教育服务的先进事迹等。社会各界要利用自身的媒体平台和各种场合，宣扬对劳动者的尊重和关爱，结合自身实际切实宣传支持劳动教育的事迹。学校要及时总结宣传劳动教育典型经验，利用各种宣传展示舞台进行推广，用好新媒体手

段进行广泛传播，让劳动教育真正"入脑入心"。家长要树立正确劳动观念，支持配合学校开展劳动教育。青少年学生要牢固树立劳动者伟大的"自信"，传递劳动者光荣的"声音"，形成"人人主动参与、接受劳动教育"的良好氛围。

"双高"建设背景下高职院校制度文化建设探析 [①]

　　2019年4月16日，教育部、财政部印发《中国特色高水平高职学校和专业建设计划项目遴选管理办法（试行）》，开启了"双高计划"建设的序幕。"双高"建设依靠什么来引领？答案是文化。文化是学校最深沉的精神追求，代表着一所学校独特的精神标识。一所追求"双高"发展的高职院校，必须用文化来引领，让校园充满文化的力量，焕发出深沉持久的育人魅力。在学校整个文化体系中，制度文化发挥着基础性、先导性、规范性、根本性的作用，在全面依法治国、依法治校的当代，十分关键。在"双高"建设的背景下建立现代学校制度，不仅是学校有序运行和科学管理的需要，也是提升师生精神生活水平和理性思维水平的需要。优良的学校制度与公平公正的执行机制本身就构成一

---

　　① 作者简介：徐兴旺，重庆工业职业技术学院。

种教育资源，能够深刻塑造全体师生员工文明进步的社会观和平等正义的价值观。制度文化通过一系列规章制度明示师生员工什么是应当做的，什么是不能做的，为学校的价值系统外化为师生员工的自觉行为发挥规范作用，保证社会主义的办学方向，落实立德树人的根本任务。因此，制度事关根本，关乎长远，是"双高"建设的重要保障，制度文化建设是实现学校治理现代化的必然要求。

一、铸就崇尚制度的先进理念

学校制度文化的建设，首先体现在人们崇尚规章制度的新时代先进理念的塑造上。

意识是行动的先导，理念是行动的指南。学校制度文化建设，根本上体现在师生员工在"双高"建设的新的时代背景下，普遍树立起崇尚制度的先进理念，让制度意识入脑入心，成为自觉的行动，最终养成依规办事的习惯。

一方面，学校的师生员工要牢固树立制度为尊的理念。长期的人情社会，遇事找熟人找关系，导致人们的制度意识、规则意识普遍比较淡漠。学校的师生员工对规章制度建设的重要性认识不足，有的学校在规章制度的制定过程中，企业、政府、师生的参与不够充分，存在为建制度而建制度的形式主义，有拼凑现象，理论指导落后于实践探索；有的学校规章制度内容比较空洞，可操作性不够强，有待进一步完善；有的高职院校的规章制度照搬本科院校，凸显高职教育特色的内容不多。法治时代"双高"建设背景下，高职院校的治理应当使制度深入人心，凝聚师生员工的共识，让学校的规章制度人人能懂会用，成为自觉遵循的准则，从而牢固树立法治思维和规则意识，切实增强贯彻执行规章制度的自觉性和主动性，坚持用制度指导、规范和改进工作，破解制约学校改革发展的体制机制障碍，不断提高制度治校、民主管理和高质量发展的水平。充分运用校报、广播、微博、微信等媒体平台，召开座谈会等多种形式，大力宣传规章制度，树立制度至上、依法治教、依规办学的理念，把制度理念、制度精神、制度原则和制度方法贯串学校治理的实践，形成办事依规、遇事找规、解决问题用规、化解矛盾靠规的行为习惯，从而在学校形成从上至下学习规章制度，尊重规章制度，依靠规章制度、依照规章制度、依据规章制度办事，运用规则意识走出国门参与国际交流和合作办学的新局面。

学校要强化规章制度的实施，通过严格依法治校的实践，使规章制度意识在每一位高职人头脑中深深扎根。要充分发挥规章制度的功能和作用，让每一名与学校建设相关的主体，都能够依据规章制度行使自己的权利，履行自己的义务，承担相应的责任，严格自律，依规办事，充分发挥个人的主观能动性，为学校的发展贡献智慧和力量，在学校的发展中实现个人的价值和梦想；同时，在教育教学的实践中，切身感悟学校规章制度的力量，接受制度文化的洗礼，实现规则理念的升华，随时绷紧制度治校这根弦。

另一方面，政府和社会应当有所作为。由于中国依法治理的历史不长，人们的制度意识还不强，依法治教、依规办学的宣传落实不够理想，社会公众对高职院校的规章制度普遍缺乏了解，知之不多，比较陌生。政府要加大对高校规章制度的宣传力度，在全社会营造良好的舆论环境。教育行政部门要面向社会召开高校规章制度专题新闻发布会，集中发布有关信息，邀请社会媒体多视角、多层面、全方位地深度宣传报道，要让全社会认识到高校的章程由《教育法》《高等教育法》授权，经过教育行政部门核准，具有一定的法律效力。要让社会公众更好地了解高校的规章制度，理解高校制度建设，充分尊重高校规章制度的权威，推动高校认真贯彻落实规章制度，让制度治校落到实处。社会媒体要多渠道、多方式宣传报道和深度解读高校规章制度，进行案例剖析，以案说法，从而在全社会树立依法治教、尊重高校规章制度的新理念和依法治校、依规办学的浓厚氛围。

二、加强学校制度体系建设

学校制度文化的建设，最主要体现在学校的制度建设和完善上。

制度文化，是建立在制度的基层之上的，落实在学校治理、规范师生员工行为的一项项具体制度、一个个具体条文中。

学校制度建设具有位阶性。学校的制度建设，主要体现在章程、学校基本制度、部门规章制度、二级学院运行制度四个层面。而且，正如法律法规有上下位阶，下位法律法规不得与上位法律法规相冲突一样，学校基本制度与章程之间、部门规章制度与学校基本制度之间、二级学院规章制度与部门规章制度之间，也是有上下位阶的，学校基本制度与学校章程、部门规章制度与学校基本制度、二级学院规章制度与部门规章制度不得相冲突，否则自动丧失效力。从目前全国高职院校的情况看，在教育部的强力推进下，各学校已经根据教育部的要求，普遍制定了学校章程，并经过主管教育行政部门核准，发布实施。同时，依据章程，不断完善学校基本制度和部门规章制度。现在存在的主要问题是二级学院的规章制度不够健全，自我管理自我发展的主体意识不强，发挥自身功能的积极性不高。高职院校在推进治理现代化的进程中，面临学校管理重心"有限下移"和二级学院"接管乏力"的瓶颈，需要深化改革，不断从制度上进行探索。按照2017年3月31日教育部等五部门关于深化高等教育领域简政放权放管结合优化服务改革的要求，"推动高校进一步向院系放权"，给二级学院下放权力，全面建立起"章程—学校基本制度—部门规章制度—二级学院运行制度"的制度体系。深入推进学校内部管理改革，扩大二级学院的职权，激发基层一线全体师生员工的主体活力尤其是内生动力，充分调动二级学院的办学积极性。

学校制度建设具有时代性。时代性具体体现在规章制度的立、改、废上。要按照"双高计划"的明确要求，与时俱进。学校要根据十九大精神和学校章程的内容，以建促改，及时梳理内部管理制度，建立健全内部管理体系，促进现代高校制度的建立。一些学校内部制度建设存在诸多问题，如拿来主义严重，特色不够鲜明；对上位法深入研究不够，有的条文与上位法存在冲突；制定程序不够严谨，广泛听取服务对象意见不够，反映全体教职员工和学生利益诉求不够。学校要坚定地维护章程的"校内宪法"地位，严格执行章程修订程序，使其不受任何个人意志和组织力量的干预，真正成为学校的最高准则。学校要以章程为准则，及时对现行的各项规章制度、管理文件进行全面、系统、细致的审查和清理，搞好立、改、废，该创设的创设，该修订的修订，该废止的废止，确保学校的规章制度与章程的协调一致。

学校制度建设具有高职教育特性。高等职业教育具有四大特点。一是教育性。这一特点将高等职业教育与社会举办的各类短期培训区别开来。学校的设立必须具有符合规定的教育教学场地和设施设备，具有专业化的教师队伍、管理队伍和后勤队伍，具有规范的学制。学校对学生的教育不仅在于传授理论和实践知识，更在于思想品德的教化养成，也就是常说的既教书更要育人；而各种类型的在职短期培训不是正规的学校教育，没有规范的学制，没有系统的教学体系，对学员的教育更加注重职业技术技能的岗位培训。二是职业性。这一特点将高等职业教育与普通高等教育区别开来。高等职业教育是职业教育的重要组成部分。十九大报告指出，当前和今后一个时期，我国高等职业教育的发展方向是"完善职业教育和培训体系，深化产教融合、校企合作"。普通本科高校姓"普"不姓"职"，重在对学生传授系统的理论知识，培养学生进行科学研究的能力；而高等职业教育则姓"职"不姓"普"，实行"1+X"证书制度，重在培养学生掌握一门甚至多门实用技术技能，以便毕业走上社会后能够安身立命、大显身手，因而更加注重与当地产业发展对接。三是高等性。这一特点将高等职业教育与中等职业教育区别开来。高等职业教育是高等教育的重要组成部分。高等学校包括普通本科院校和高等职业院校。如果说中等职业学校培养的是一般技术人员、生产一线的"蓝领工人",那么,高等职业学校培养的则是高素质的技术技能"工程师"。四是跨界性。高等职业教育的办学主体除了省级或者地级政府外,还有行业、企业,以及多主体的混合所有;管理体制复杂,除了教育行政主管部门外,还有人力资源部门、其他政府部门以及大型企业集团等;学生来源广泛,既有参加高考的学生,也有参加春季单独考试的学生,除了高中毕业生,还有职高生、技校生和企业员工,以及退伍军人、下岗失业人员、农民工和新型职业农民等;教师注重双师型,除了校内专任教师之外,还有来自行业企业的能工巧匠;职业教育人才培养模式独特,产教融合、校企合作,德技并修、工学结合,专业设置与产业需求对接、课程内容与职业标准对接、教学过程与生产过程对接,理论与实践紧密结合。高等职业教育的上述特点,决定了其制度建设应当遵循高等职业教育的发展规律,尊重师生员工生理、心理、智能发展的客观实际,制定出台关于"双师"型教师队伍建设,推进产教融合、校企合作、产业学院建设、现代学徒制试点、1+X证书,教师参加企业实践、学生参加实习实训等具有高等职业教育特点的规章制度。

三、督促制度文化建设落实落地

学校制度文化的建设,归根到底在于落实落地、达成见效。

制度的生命力在于落实,制度文化建设重在落到实处。要通过自律和他律,推进高职院校贯彻落实党的十九大精神,按照国家"双高计划"的要求，将制度文化建设落实在学校高质量发展的具体实践中。

学校要健全监督机制，加强自身的监督。学校要把规章制度的执行情况作为领导干部年度考核述职的重要内容。校长在教职工代表大会的年度报告中要有规章制度执行情况的内容。学校要确定相对独立的专门机构，如纪检监察、教育督导等部门，负责监督学校规章制度的执行。要充分发挥学校法律服务机构的作用，聘请专职的法律顾问，对学校拟出台的重要决策、规章制度以及重要法律文书进行合法性审查。学校要建立师生员工申诉处理机构，允许其依据章程对学校的工作提出异议，申诉处理机构要及时处理，并做出书面答复。

教育行政部门要加强对规章制度实施的监督，实行跟踪问效。教育行政部门要切实转变职能，把主要精力放在监督高校依法治校、按章办学上，搞好宏观调控和管理服务，推动高校建立健全规章制度实施的监督机制，指导和帮助高校协调与相关政府部门、与社会相关方的关系，让高校真正按照规章制度办学。教育行政部门要将规章制度实施情况纳入对高校领导班子和主要负责人年度述职的重要内容，实行跟踪问效；要设立规章制度实施监督的工作机构，每年对规章制度的实施情况进行检查，将检查情况及时向学校进行反馈，并将结果与学校及领导班子成员的年度绩效考核直接挂钩。

教育督导机构要构建科学的高职院校规章制度实施考核评价机制。高职院校章程发布后，学校是否按照章程执行，章程在具体实施过程中作用发挥得如何，直接关系到学校内部治理结构的完善和现代高职教育制度的建立。国家和省级人民政府教育督导机构应当建立高职院校制度建设的考核评价机制，将好的经验做法及时总结推广，对做得差的进行通报警示，从而在高职院校系统真正形成依法治校、依规办学的良好氛围。

人大、政协机关要发挥监督评议作用。各级人大及其常委会是法律监督机关，应当把高校规章制度的执行情况作为教育执法检查的重要内容，督促教育行政管理部门和高校认真贯彻落实学校规章制度。政协是专门的参政议政机关，各类人才荟萃，多方专家云集，应当把高校规章制度的贯彻落实情况作为评议学校的重要内容，督促高校规章制度落实落地，坚决纠正随意变通、恶意规避、无视制度等现象，推进学校制度文化建设，督促学校依法治校、依规办学，让规章制度真正内化于心、外化于行，让制度文化润泽校园、持续发展。

试论职业院校行政工作者之工匠精神^①

一、工匠精神：职业教育的时代使命

随着当今经济社会的不断发展，工业化步入一个崭新的历史阶段，"工匠精神"的培育成为职教现代化发展的内在诉求。

（一）何为"工匠精神"

自人类第一次社会大分工以来，"工匠"一词对于我们而言似乎并不陌生，基于手工业与农业的分离，开始出现了一批专门从事手工业劳动和生产的人们，也就是我们所谓的"工匠"。换句话说，手工业的出现和发展推动了工匠的产生，而工匠作为一种谋生的手段或职业同样离不开手工业的发展，因此，工匠与手工业之间有着天然的、必然的联系。

从工匠到工匠精神，即工匠本身具有怎样的特质与品格，也就是一种不断探索工匠之本质属性的过程。值得注意的是，不是

---

① 作者简介：李慧萍，甄真，重庆工业职业技术学院。

所有的"工匠"都可以被称为"匠人",也不是所有的"工匠"都具有"工匠精神",只有那些技艺超群或对某项技术技能达到常人水平之上的从业者才有资格成为"匠人"。因此,"工匠精神"绝不只是某个人或某些人的特质,也不只是一种状态或静止的过程,它是集所有"匠人"之高尚品格于一体而形成的不断发展着的本质特性。

"鼓励企业开展个性化定制、柔性化生产,培育精益求精的工匠精神,增品种、提品质、创品牌"——这是李克强总理在十二届全国人大四次会议的政府工作报告中讲到的,当今的"工匠精神"既是对优秀传统文化和精神的传承,也是对传统文化和精神的发扬光大。大国工匠及其精神内涵,已经远远不再是从前的"中国制造",而是伴随着时代的发展和进步不断走向"中国创造"的强大动力支撑,这就对当代每一位职业人提出了更高的要求;也就是说,工匠精神与职业息息相关。

(二)职业教育与工匠精神

"职业"(profession)最初的含义是指"表示的"(professing)行为或事实,现在用来特指从事某一特殊工作之人,他的职业即"表示"了其特定的"身份"与行为方式。不论从事何种职业,不论其具体职责是什么,其本质都是工匠精神之体现和展示。说到职责要求,就不得不提到职业教育。职业教育具有广义和狭义之分,广义的职业教育是一种普遍性的教育,即每一个人都会接受与职业工作相关的学习;狭义的职业教育则是特指一种教育阶段,属于学历教育的一种类型,这里我们所指的是狭义的职业教育。工匠精神的传承与发展离不开教育,特别是与职业教育紧密相连，因此，工匠精神的培育是职业教育的时代责任，也是职业教育者和工作者的责任担当。

二、工匠精神：职业院校行政工作者的责任担当

当今社会不再一味追求速度和数量，人们将更多的关注点转向对质量和品质的要求。《中国制造2025》规划纲要的出台，不仅对中国制造业提出了更高的要求，同时对职业教育提出了更高的希望，但归根结底是对"人"的更高要求。工匠精神实质体现为"人之精神"，作为职业院校的行政工作者，又如何承担起这份"精神"呢？

（一）职业院校行政工作者的角色定位

作为高校行政工作者，其需要具备行政工作者所需要具备的普遍责任，也需要具备其特殊的责任，这一点取决于角色的赋予、承担者自身以及社会规范的要求。

1. 教师的角色

职业院校行政工作者不同于其他行政人员之处在于，其首先仍是一名教师，以教书育人、为人师表为首要职责。职业院校很多行政工作人员都会兼职辅导员或班主任，同时也会兼任与自身专业相关的公共课程或选修课程教师，这就决定了职业院校行政工作者并非只是行政人员，他们更多时候仍是以一名教师身份出现在学生面前。作为一名教师，其一举一动都会成为学生关注的焦点，成为学生学习的榜样，以身作则积极引导学生成长，是职业院校行政工作者扮演教师角色所必须承担的职责。

2.行政者角色

职业院校行政工作者不同于其他教师之处在于，其主要工作在于行政事务性工作，不论是班主任还是兼职代课，毕竟不是其主业，这就决定了其作为行政者的主要角色。长期从事行政事务性的工作，对工作态度、专业能力、处事方式等方面都会提出更高的需要和要求。因此，作为行政部门的工作人员，其职责在于恪守本分，做好分内之事，特别是要不断提高自身的业务水平，同时还要防止职业倦怠，做合格称职的职员。

3.职业教育服务者

除了教师和行政者之角色，职业院校行政工作者还应是为职业教育服务的工作者。如果说小学教师是对基础知识的传授，大学教师是对专业知识的传授，那么职业院校教师则是对技术技能的传授，这也是职业院校行政工作者之特别之处。基于此，其工作的最终目的在于为社会培养更多的高素质技术技能应用型人才，不论在哪个部门或哪个岗位，其核心根本都是为了职业教育的发展和进步。因此，职业院校行政工作者亦是为职业教育而努力付出的辛勤服务者。

（二）职业院校行政工作者的职责要求

既然职业院校行政工作者是集教师、行政人员、职教服务者为一体的多角色、多身份的"匠人"，那么对其职责的要求也应是多角度、多方面的，结合工匠精神之"匠心、匠术、匠德"，职业院校行政工作者作为匠人之工匠精神主要体现为三个方面。

1. 匠人精神之求心问心

所谓求心问心，就是对自身职业的认同感与责任感，这是工匠精神之基石。职业认同即"个体在心理上对于自己所从事职业的意义、价值等的赞同或认可，关系着个体生产劳动观念的确立和从事职业的忠诚度"，对于职业院校行政工作者而言，是否热爱自己的职业、是否乐于从事职业教育、是否愿意为之付出和努力，成为体现其匠人之精神的前提和关键。基于这一点，职业院校行政工作者应热爱教育事业，特别是职业教育领域；应热爱学生，关注每一位学生的成长；应热爱自己的岗位，力求在平凡的岗位做出不平凡的成绩。

2. 匠人精神之精益求精

工匠精神之"匠术"指围绕专业技术技能的科学技巧与能力，基于此，职业院校行政工作者之"匠术"即指其对于本职工作的业务能力，包括教学讲授能力、教学管理能力、事务性工作处理能力等。职业教育之所以不同于普通教育，正是在于其对于技术技能以及实践能力的重视和探索，每一个小技能的训练都离不开反反复复、精益求精，作为一名职业教育工作者，这份传统和精神值得被传扬，因为细节往往才是成败的关键。

3. 匠人精神之德才兼备

如果说"匠心"是根基、"匠术"是根本，那么"匠德"则是灵魂。培养一名技术技能型人才也许并不难，难的是塑造高素质的技术技能型人才，这也正是我们当今社会所需要和追求的。职业教育培养的目标在于德才兼备的应用型人才，作为职业院校行政工作者也许对于学生的专业技能的影响并不直接或不是很大，但对于学生品德修养的塑造却同样有着不可推卸的重要职责和使命。不论从事怎样的事务性工作，归根到底都是为了学生的学习和成长，因此，做一个德才兼备之人不仅是"为己"之需要，也是"为他"之需要，亦是"职责"之需要。

（三）职业院校行政工作者的责任依据

选择了一份职业也就意味着选择了这份职业背后所必须承担的责任，这里的责任即从业人员所必须履行的"义务"，通过对义务的履行情况与行为后果的表现可以判断一个人是否尽到了责任。

1.角色是责任产生的起点

责任依附于角色，二者之间有着密不可分的内在联系。没有角色也就不会有责任：有了医生之角色，于是有了救死扶伤之责任；有了教师之角色，于是有了教书育人之责任。责任是伴随着角色出现而出现的，角色解除则责任也随之消失，角色是人们得以认识责任的"桥梁"。因此，角色和责任是一种"外在"与"内在"的关系，失去责任支撑的角色将"名不副实"，而失去角色相伴的责任则"名不正而言不顺"。因此，基于职业院校行政工作者之角色，决定了其相应的责任承担。

2.有理性的人是责任的承担者

责任只有对有理性之人而言才有意义，不是人人都会肩负责任，只有具有某种"资格"的人才会有承担责任的要求。作为理性的存在者，人人都应为自己的所作所为承担一定的后果和责任，同样，作为高校行政工作者尤其应具有强烈的责任意识与社会责任感，从而确保自身的行为属于负责任的行为。也就是说，高校行政工作是建立在行为主体责任心或责任感之基础上的，责任是确保工作有序顺利开展的最重要因素。

3.责任伦理是责任的评价标准

责任伦理思想古已有之，"一切有伦理取向的行为都可以受两种准则中的一个支配，这两种准则有本质的不同，并且势不两立"。当代责任伦理的兴起"既是对伦理理论发展需要的反映，也是当今现实对伦理规范提出的新要求的一种回答"。倘若行为主体"只知道应对其行为后果负责，却不知道到底如何去做或为什么要这样去做"，社会责任的制约将会形同虚设。责任伦理要求某一角色在履行其义务的同时必须考虑到该行为可能带来的后果，并积极承担相应的责任，应将这一标准作为每个角色行为的主观道德准则。

三、职业院校行政工作者之工匠精神的塑造

基于职业院校行政工作者角色的特殊性，对其职责的要求也具有特殊性要求。"匠心、匠术、匠德"不仅是一种职业要求，也是一种职业态度，更是一种职业精神，如何培养和塑造这种"工匠精神"成为每一位职业院校行政工作者应该思考的问题。

（一）爱岗敬业，值守本分

责任伦理倡导的是一种"尽己之责"，是一种"恪尽职守"，它强调每一位有理性的人应该也必须为自己的选择和行为承担责任，体现在职业活动中就是要对自己所从事的工作尽职尽责、认

真负责。我们知道，在职业院校从事行政工作完全不同于专任教师，不论是否有课都要遵守坐班时间；虽不是在教学授课的第一线，却仍在教学管理的第一线；在做好本职工作的同时，不仅要兼职代课，还要兼职承担班主任工作，同时与学生朝夕相处。这样来看，作为一名职业院校行政工作人员其实身兼数职，需要处理好来自各方面不同的关系。当面对各种复杂的不确定的问题时，如何不忘初心、问心无愧呢？"知之者不如好之者，好之者不如乐之者"，保持对自己工作的热情，时刻提醒自己的职责所在，做好分内之事，尽心尽责。

（二）认真严谨，团结协作

各种事务性的工作往往需要各部门的密切配合、协作完成，在从事各项工作的过程中应保持认真严谨的态度，加强团结合作。学校各行政部门面对的对象都是老师和学生，都是为了提高教学质量以帮助学生成人成才，任何一项工作都不容小觑。特别是面对学生之时，工作态度不仅决定了工作的质量和结果，更会成为学生学习的"模板"；"授人以鱼不如授人以渔"，做好自己不仅是为了自己，更是为了以身作则去影响学生，引导学生正确地为人处世。值得注意的是，一个人的力量总是有限的，在工作中一定要重视集体和团队的力量，工作中要彼此信任、相互配合，共同把工作做好做出色。

（三）学无止境，锲而不舍

学无止境，不断提高自身的综合素质和能力，这是每一位从事教育工作者的必修课。不进步则是退步，在工作中必须严格要求自己，时刻提醒自己不能松懈。作为职业院校行政工作者，需要学习和提高的地方包含很多方面，既要不断提高自身业务能力，也要不断学习专业知识，同时还要加强对教育学、管理学等相关学科的学习和了解；既要做好教学管理工作，又要做好自身科研工作。只有在不断地学习中才能逐渐成长，职业教育任重而道远，需要每一位职教工作者锲而不舍，共同努力。

信息化时代思政课教学方法超越性建构的几点思考 [①]

　　随着网络技术的迅速发展，新媒体渐渐融入人们的日常生活，这就对当代大学生思维观念、价值观念、行为方式等带来了巨大冲击和洗礼。如何把握信息时代特点，将信息科学技术与传统思想政治教育工作有机融合，加强思想政治教育工作顺应时代的感召"因时而进、因势而新"，抓住新媒体对大学生思想政治教育教学的机遇，迎接新媒体对大学生思想政治教育教学方法带来的挑战，积极探索出信息化时代大学生思想政治教育教学方法改革的新举措，这是改进和加强高校大学生思想政治教育教学工作亟须解决的新问题。

---

① 作者简介：袁希，重庆工业职业技术学院。

一、信息化时代大学生思想政治教育方法的机遇

1967年"新媒体"这一概念由美国人戈尔德马克最先提出，它是与传统媒体相比较而言，它的出现产生与广泛运用意味着信息化社会已经来临。所谓信息化是利用无线通信网、互联网以及卫星等多种渠道，通过数字技术、网络技术等手段，以手机、电脑为终端，向受众提供娱乐、信息等服务。用通俗的语言来解释新媒体，是指运用计算机这一科技，通过数字技术、移动通信、网络技术等现代传播手段，传播数字化文字、声音以及图像信息的数字化、网络化、移动型媒体。从技术上解释和界定，新媒体就是向用户提供信息服务的一种新兴媒体，以互联网技术、移动通信技术以及数字技术为依托。信息化技术手段的出现，让人们衍生出虚拟生存的"第二空间"，改变了人们传统的社会"群集模式"与"互动方式"，也使得知识传播方式发生了巨大改变。因此，信息化时代的到来，为大学生思想政治教育带来了崭新的机遇。

（一）架构"新桥梁"

传统的思政教育模式较为教条，枯燥生硬，人为地造成了主流思潮与大学生之间思想的"隔阂"。新媒体的到来与传统媒体技术相比有了新的飞跃，信息量巨大、覆盖面更广、传播速度更快，寓教于乐，充分考虑受众的需求。使用新媒体交流已经成为当代大学生学习和生活中不可缺少的重要沟通方式。思想政治工作者应当利用新媒体这一特性，采用00后大学生感兴趣、易接受的网络流行语言，对他们世界观、人生观、价值观进行"春风

化雨""潜移默化"的教育，如宣传进步的思想文化，传播先进的科学技术，使思想政治教育途径更加多样化，不受制度和传统模式的制约，丰富了教育的信息量，提高了教育的效率。

（二）增添"亲近力"

传统的思想政治教育工作缺乏亲近力，难以让主流观点、意识形态"入脑入心"。新媒体传播方式，非常适合大学生渴望平等交流的心理特征，在网络的虚拟环境中，大学生能够消除与陌生人交流中的心理戒备，可以不由自主地将自己内心深处的真实想法和酸楚苦闷倾吐出来。思政教育工作者可以通过微信、微博、QQ、自媒体等多种形式，自由地与大学生在线讨论和交流，兼顾教育性和趣味性，获取大学生发自内心的真实认同，这种形式大大增强了思想政治教育的针对性和有效性。

（三）增加"互动性"

传统的大学生思想政治教育偏向于单向灌输，简单说教的特征，而在新媒体这一背景下，大学生思想教育工作逐步呈现出双向交流、互动多元的特征。许多枯燥定义式的教育内容，被生动形象的直观教育形象所取代，大量图文并茂的资料使大学生乐于接受，从而积极响应，乐于参与，更重要的是将社会主义核心价值观与网络思想政治教育更为科学、更为规则地结合起来。这就调动了大学生接受思想政治教育的主动性和参与性。

二、信息化时代大学生思想政治教育方法的挑战

截至2017年6月底，据中国互联网络信息中心（CNNIC）发

布的第40次《中国互联网络发展状况统计报告》，我国网民数量达到7.51亿，手机网民规模达7.24亿。从职业结构上，中国网民学生群体的比例位于最高，占49.7%。什么事物都具备两面性，因而新媒体也相当于一把"双刃剑"，不仅创造出一种全新的媒体沟通和交流方式，而且深刻地影响和改变着广大师生们的认知、情感、思想、心理和行为方式。正如一个绚丽而且充满奇幻色彩的"潘多拉盒子"，既给思想政治教育带来了前所未有的机遇，同时也带来了巨大的挑战。

（一）信息化的发展使得思政课教学方法运用更为复杂

根据"网康互联网内容研究实验室"长期对互联网信息的研究和监控，发现新媒体中充斥着大量违反社会道德、法律法规以及破坏信息安全等类别的不良信息。通过统计结果发现，在网络中违反法律、破坏信息安全、违反道德三种不良信息所占的比重分别是15%、39%、46%。

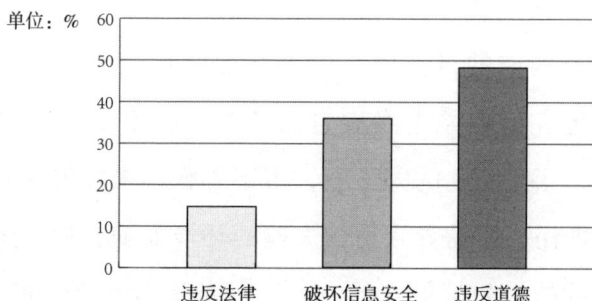

图1　网络不良信息比重分布图

从图1所示不难看出，在互联网不良信息分布图中，违反道德的不良信息在整个统计中占有很大比重。通过对这些不良信息的梳理，可以将这些给人们日常生活带来了巨大危害的因素归纳为以下几点。网上诈骗，例如，某些不良的钓鱼网站等，非法牟取暴利，极大地威胁了公民的财产安全，充斥着黄色暴力的内容，摧毁了大学生世界观、人生观、价值观。同样，一些违背公民道德伦理的信息还充斥着网络，极大地颠倒了人们的价值观。如网络上出现的求包养、伴游、代孕等业务，倡导以一种不择手段获取金钱的方式，对人们的意识形态产生了强烈的冲击。因此，新媒体背后的意识形态斗争是思想政治工作者最大的挑战。社会主义核心价值观易在网络虚拟社会中遭受冲击，高校的思想政治教育的教学环境与以往相比更为复杂、更为多变，为了适应时代变迁以及媒体交流方式的转变，高校思想政治教育已面临着新的挑战，如何适应当前形势，如何正确引领学生，赋予了思想政治教育理论课教学改革新的使命。

（二）信息技术的虚拟化导致社会道德评判标准的失衡

一名互联网发明者曾说过："网络是一个没有政府、没有警察、没有军队、没有等级、没有贫贱、没有歧视的理想世界。"在这个虚拟构成的世界中，由于有虚拟身份的掩盖，人们可以随心所欲地在互联网上发表自己的想法，不受现实和世俗的束缚。然而，互联网上的大学生，由于心智还未发展成熟，在这种不用承担责任、容易导致道德失范的环境面前，通常采取一些匿名的、隐藏的、间接的交流方式，避免通常意义上的直接交往，极易造成心理畸形。正因为互联网虚拟的存在，让一部分内在约束力不强的大学生很难抵御住网络的诱惑，在网络上不负责地发表一些反社会的言论，甚至将一些违反道德、违反法律的网络活动，当作显摆自己高超计算机技术的一种手段。如在2005年，武汉某大学学生入杨某侵某公司服务器，为了显摆自己高超计算机技术，恶意删除该网站上的数据，造成了武汉市外贸局、招商局、妇联等多家网站的瘫痪，最终杨某被判处拘役4个月。因此，思想政治教育工作者应当肩负起时代赋予的使命，加强对大学生正确道德观、价值观的引领，重视引导大学生从充斥着价值多元化、海量信息污染源的新媒体中走出来，以社会主义核心价值观促进大学生健康成长。

（三）信息化的发展对思政教育工作者素质提出新的挑战

高等院校思想政治教育的主要内容，是党和国家对大学生实施思想政治教育时在思想上、政治上、道德上、法律上、心理上等方面的要求，是决定大学生素质高低的重要组成方面。它不仅体现了高校思想政治教育的性质和意义，而且是实现高校思想政治教育目标和任务的重要保证。传统思想政治教育的模式，通常意义上是在课堂中灌输理论知识，这种教育方式是单方面的，是由教育者单向地将信息传播给受教育者。但是，当新媒体逐渐融入大学生的生活中时，这种传统意义上的课堂面授方式就完全被打破，受教育者不再是被动接受的单一主体，而逐步转变为既是信息的接受者又是信息的享用者，既是信息的生产者又是信息的传递者，教育模式也由以前的一对一、一对多的面授方式逐步转变为目前网络上的双向互动。这就需要高校思想政治教育工作者要积极适应新媒体环境下大学生的新特点，逐步掌握理论教育的主动权，围绕教学大纲，运用图文并茂、声像结合的教学方式，把文字、图片、动画等效果融为一体，营造起立体动态的教学内容。思想政治教育教师应当与时俱进，不断提高自身理论水平，善于从网络中获取丰富的资料来充实自己。例如，当今"微课"兴起，教师运用小视频的形式"讲述"教学过程中的知识点、重难点或者是教与学活动的全过程，"微课"以短小精干著称。

三、信息化时代大学生思想政治教育工作的创新性建构

（一）提高自身素质，树立与时俱进的观念

在新媒体以高效的速度覆盖大学生群体的时候，作为高校思想政治教育工作者，要树立与时俱进的观念，加强对政策文件的学习解读，不断提高自身业务素质和政治修养。要坚持正确的政治立场，将讲台作为宣传阵地，认真学习贯彻习近平总书记在全国高校思想政治工作会议上的重要讲话以及《中共中央、国务院关于加强和改进新形势下高校思想政治工作的意见》，认真学习宣传党的十九大精神，深刻领会习近平新时代中国特色社会主义思想的精神实质。邓小平曾说"制度是决定因素"，在新媒体时代，只有不断转变工作理念、工作方法，借助新媒体这一高效载体，才能有效地传播高校思想政治教育工作。与此同时，作为高校思政工作者更应该意识到新媒体时代带来的紧迫性，要特别重视新媒体的思想塑造和政治传播的特性，要站在统一的高度维护好高校的安全和稳定。高等院校传统意义上的政治宣传和思想教育方式更应当紧跟新媒体时代的步伐，充分利用新媒体这一便利的工作载体和工作平台，加强对意识形态领域情况的分析和研究，严格落实意识形态工作的考核和责任追究，进行巩固国家意识形态安全的政治理论宣传。

（二）构建网络教育平台，创新思想政治教育模式

马克思曾指出："科学是一种在历史上起推动作用的、革命的力量。"在新媒体的大环境下，如何构建新媒体多元化的平台，如何做到信息渠道沟通的畅快，是高等院校特别需要重视的问题。首先，高等院校要紧跟时代的步伐，做到思政教育的"与时俱进"，建立起思政网站、微博以及微信等新媒体平台，做到信息的及时发布、及时沟通。让学校与学生之间，教师与学生之间，学生与学生之间，可以通过新媒体这一平台畅通无阻地沟通，有利于学校、教师及时掌握舆情，把握学生的真实动态，将一些不良因素控制在萌芽阶段，让思想政治工作与维稳工作更具主动性和前瞻性。其次，要利用新媒体的优势，逐步把它融入大学生思想政治教育系统中，让"现实世界"与"虚拟世界"无缝链接，思想政治教育理论工作者不断探索"网上引导"和"网下教育"相结合的教育模式，建立起一个覆盖新闻、通知、资讯为一体的思政网络体系，让思想政治教育与新媒体融为一体，做到交叉覆盖、相辅相成。再次，守正创新，借助于线上线下课堂抓好理论教育，增强思政教育的趣味性、实效性，增强立德树人的效果。通过思政教育"四同""三分""三度"育人计划，制订和完善全员思政教育常态化方案，从学校党委、各职能部门、各二级学院逐级进行实践，强化教育引导，固化思政教育成果，通过课程、科研、实践、文化、网络、心理、管理、服务、资助、组织育人，拓宽思政教育的范围。最后，培养虚拟世界中的学生"网络领袖"，让一些思想觉悟高、理论水平深、文字功底强的学生，从他们的学生视角，发表评论引领舆论导向，真正做到"从

群众中来，到群众中去"。

（三）传统课堂的延伸，翻转课堂、慕课、微课的展望

信息时代的发展，使得当前高校教育方式以及学生的学习方式都发生了巨大改变。新兴的翻转课堂、慕课、微课逐渐充斥着大家的眼球，得以迅猛发展。翻转课堂教学模式改变了以往传统课堂面对面的讲授形式，学生可以在家里选择自己感兴趣的课程加以学习，翻转课堂成为教师与学生互动学习交流的场所，学生可以在网络上选择自己感兴趣的课程，教师的角色也再不简单地定位为教授知识，更多则是引导学生、答疑学生、解决问题等。慕课的授课模式也突破了上课地点的限制，只要选择感兴趣的课程，在网络上进行购买，就可以随时随地进行学习。微课则是突出的短小精干，在有限的时间里讲授一个知识点，有别于传统单一资源的教学课件、教学设计等教学资源。翻转课堂、慕课、微课的共同点都是依托新媒体这一蓬勃发展的前提，将课程的知识点通过网络平台传播到世界上各个地方。大学生代表着国家的未来，作为一群受过高等教育的特殊青年群体，既是民族振兴的重要人才储备，又是国家发展的宝贵人才资源。而网络信息对大学生的价值导向、吸收观念影响越来越大，高校思想政治理论课程更应当运用好新媒体这一平台"举旗子、展形象"，开辟网上教育新阵地，通过翻转课堂、慕课、微课拓宽新媒体时代下思想政治理论课的教学模式，通过生动的案例，传播正确的价值观，通过互联网"讲好中国故事，传播中国声音，向世界展示立体的中国"。

（四）加强大学生自律教育，提高网络道德水平

不可否认，网络信息的多样性、选择性开阔大学生眼界的同时，也伴随着网络上不良信息对大学生的"污染"。作为高校，首先要加强大学生网络道德水平的宣传力度，树立大学生正确的价值观和责任感，做到心中有底线、红线，不从事与道德相违背的网络活动。同时，要不断提高学生利用新媒体进行社会交往能力以及正确获取信息的能力。一些学者认为，由于网络中主体活动都是虚拟产生的，因此，主体在其活动过程中所涉及的社会关系也是虚拟的。如"网虫"上网时"精神亢奋"，下网后"精神倦怠"，沉迷于网络平台中的虚拟交往，将大量的时间、精力花费在网络游戏、网络社交上，消极应对自己的学习和生活。因此，合理引导学生网络人际关系，帮助学生成为独立自主的新媒体主体显得尤为重要。其次，新媒体的开放性易导致大学生不道德和违法行为的产生，如恶意交友，浏览黄色、暴力的网站，更有甚者认为传播病毒、黑客入侵、盗用网银是一种"彰显才华"的行为。因此，思政教育工作者要加强学生作为传播者道德义务的宣传，引导他们不断加强社会责任感和道德意识，使他们具备真、善、美的辨别意识。

（五）开展丰富多彩的校园文化活动，营造和谐健康的校园氛围

作为思想政治教育工作者，应多了解当代大学生思想动态，了解他们"习以为常"的网络表达方式和接受习惯，根据他们的需求，积极组织一些丰富多彩的校园新媒体活动，营造出积极向上、和谐健康的校园文化氛围。如可以通过借助新媒体技术，开

展马克思主义大众化，积极推广和普及中国特色社会主义理论体系，以及社会主义核心价值体系，使新媒体成为教育引导大学生的有效渠道，让大学生通过新媒体这一平台，自觉树立起正确的世界观、人生观和价值观，使他们具备一定的媒体道德意识和相应的法律观念，能够主动对有害信息进行"屏蔽"。

总之，高等院校作为培养和造就高素质人才的重要基地，必须充分认识和加强新媒体时代大学生思想政治教育工作的重要性和紧迫性。要抓住机遇，要扬长避短，充分利用好新媒体时代的优势，探索出一条改进大学生思想政治教育工作的新方法和新途径，为全面推进素质教育，培养社会主义建设合格人才，提供坚强有力的精神动力和思想保证。

文化自信的深层逻辑①

2016年7月，习近平在建党九十五周年大会上首次提出"四个自信"。而党的十八大已经提出道路自信、理论自信、制度自信，为什么又要提出文化自信呢？

一、由显性成就向隐性精神的内化——道路自信、理论自信、制度自信向文化自信发展的逻辑必然

中国特色社会主义实践取得了震惊世界的伟大成就，确证了其在中国大地上的有效性，我们要永远高举这面旗帜坚定地走下去。伟大的实践必然要凝结成为一种精神，文化自信就成为中国特色社会主义发展水到渠成的必然逻辑。

"一个没有精神力量的民族难以自立自强，一项没有文化支撑的事业难以持续长久。"中国道路、中国理论、中国制度要继

---

① 作者简介：金正连，重庆工业职业技术学院。

续发展下去，那就一定需要来自人们的精神信仰、生活方式、思维习惯等文化上的支撑。这是一种永恒的、绵延不断的力量源泉，能够提供这一支撑和源泉的只能是文化。文化自信是中国特色社会主义持续发展、中华民族繁荣复兴所需要的持久而恒定的支撑力量和前进动力。"在5000多年文明发展中孕育的中华优秀传统文化，在党和人民伟大斗争中孕育的革命文化和社会主义先进文化，积淀着中华民族最深层的精神追求，代表着中华民族独特的精神标识。"

从道路自信、理论自信、制度自信到文化自信是由表及里的自然发展。"文化自信，是更基础、更广泛、更深厚的自信。"中华文化已经深入每一个中国人的骨髓中，变成人们自然而然的思维方式、行为习惯。一旦破解了文化密码，实际上就触及了中国人的灵魂，那么中国特色社会主义就获得了深厚文化力量的强大支撑。习近平同志准确破解了这一难题，揭示出中国道路、中国理论、中国制度的深层基因和最持久的支撑力量是中华文化，使得中国特色社会主义脚踩大地、落地生根。

二、由新民主主义文化向中国特色社会主义文化的转化——中华文化不改"救命""兴邦"雄浑初心的伟大实践

16世纪以来，欧洲人逐渐形成了自己的霸权，并开始向世界扩张。"它迫使一切民族——如果它们不想灭亡——采用资产阶级的生产方式；它迫使它们在自己那里推行所谓的文明，即变成资产者。一句话，它按照自己的面貌为自己创造出一个世界。"面

对如此挑战，中华民族要么丢掉自己的传统，按照西方人的意愿被捏成西方需要的"小面人"，要么自强不息，实现自己"救命""兴邦"的雄浑初心。"救命"就是中华文化基因中的大同理想，"兴邦"就是创造一个新中国。康有为提出："大同之道，至平也，至公也，至仁也，治之至也，虽有善道，无以加此矣。"孙中山的"三民主义"等都体现了这一理想。如果中华文化在外力重压之下仍然能够伸张自己的大同理想，那么中华文化就实现了"救命"。从这一意义上来说，中国共产党选择了社会主义正是契合了中华文化中的大同理想，实现了中华文化的"救命"；中国特色社会主义就是中华文化的"救命"初心与新的历史条件相结合的完美产物。

更为重要的是，社会主义为世人提供了避免西方掠夺性现代化恶果的有效途径。西方的工业文明建立在对别国人民的掠夺、剥削和压榨之上。世界的图景就只能按照西方人的意愿描画成少数人富而大多数人穷、少数人靠资本剥削多数人的劳动吗？世界能不能变成另外一幅图景：人人享受太平盛世、人人安居乐业、没有剥削和压迫、和谐共处？因此，社会主义代表了人类对工业文明的反思，中华民族把自己的优秀传统同历史前进的文化方向完美结合，为世界展示出色彩多样的、较之西方图景更为美好的、符合世界绝大多数人心愿的美妙画卷。

毛泽东在探索"兴邦"的过程中，结出了丰硕的果实。"所谓新民主主义文化，一句话，就是无产阶级领导的人民大众的反帝反封建的文化。"[①] 新民主主义文化是毛泽东为中华民族的"兴

---

① 毛泽东选集（第2卷）[M]. 北京：人民出版社，1991：698.

邦"描绘的第一幅完整蓝图。

新民主主义文化不是西化的，也不是传统的，而是毛泽东既固本又创新的结果。"这种新民主主义的文化是民族的。它是反对帝国主义压迫，主张中华民族的尊严和独立的。"①这实际上表达了以毛泽东为代表的中国共产党在建立新中国过程中的文化自信，有了这样的自信，才能建立一个新中国。

新民主主义文化是中华文化中的一个创新典范，而中国特色社会主义文化则是新民主主义文化的内在延续。"建设中国特色社会主义的文化，就是以马克思主义为指导，以培育有理想、有道德、有文化、有纪律的公民为目标，发展面向现代化、面向世界、面向未来的，民族的、科学的、大众的社会主义文化。"②新民主主义文化和中国特色社会主义文化都是以马克思主义为指导，民族的科学的大众的文化，而"四有"和"三个面向"则是新时期对公民在文化上的新要求，它们实质上是同一种文化在不同时代的不同表现，具有明显的内在延续性。

习近平说："各国国情不同，每个国家的政治制度都是独特的，都是由这个国家的人民决定的，都是在这个国家历史传承、文化传统、经济社会发展的基础上长期发展、渐进改进、内生性演化的结果。"③这种内生性文化才是"有根文化"。

---

① 毛泽东选集（第2卷）[M].北京：人民出版社，1991：706.

② 江泽民文选（第2卷）[M].北京：人民出版社，2006：17-18.

③ 中共中央文献研究室.习近平关于社会主义政治建设论述摘编[M].北京：中央文献出版社，2017：12.

三、从无到有、由小到大、由弱到强的创化——中国共产党在中华民族伟大复兴征途上的创新与自信

全球化浪潮极大地冲击着世界各地的地方实践。世界向何处去？冷战结束以后，苏联颓废了，美国变得狂躁不安。此时，弗朗西斯·福山说："能跟自由民主相对抗的永恒'理论'选择已完全消失。"① 解决美国社会的问题，"不会超出'自由民主'的范围"。萨缪尔·亨廷顿也提示："西方领导人的主要责任……而是保存、维护和复兴西方文明独一无二的特性。由于美国是最强大的西方国家，这个责任就不可推卸地落在了美利坚合众国的肩上。"②

在历史的重大变化面前，这两位学者都呼吁美国人要对美国文化自信，只不过一个是盲目自信，另一个是透过忧虑的自信，为美国人鼓劲。当前我们处于全面建成小康社会的关键历史时期，习近平提出文化自信，正是体现了中国共产党在新形势下的精神诉求和精神风貌，在历史变化面前要保持足够的文化自信。

西方带给世界一个现代化的蓝图，但是绘就这一蓝图一定要按照西方的模式进行吗？全球化对世界各地的地方性实践带来夷平化、均质化的强烈冲击，各国迷惘、忧虑，不知如何走。习近平提出文化自信，在全球层面上为破解发展中国家发展的动力难

---

① [美] 弗朗西斯·福山. 历史的终结及最后之人 [M]. 呼和浩特：远方出版社，1998：390–392.

② [美] 萨缪尔·亨廷顿. 文明的冲突与世界秩序的重建 [M]. 周琪，王立平等译. 北京：新华出版社，1999：369.

题提供了有效答案。"文化是民族生存和发展的重要力量。"① 外来文化可以学习，但绝不能照搬外国模式，"照抄照搬别国经验、别国模式，从来不能得到成功"②。仅有200多年历史的美国尚且能够担负起复兴西方文明的大任，中华民族具有5000多年的历史文化，更加有信心和能力勇担责任、破解前进中的动力难题，为世界奉献出中国方案。

中国共产党在100年的奋斗历程中，从无到有、由小到大、由弱到强，创造了无数可歌可泣的革命文化，成为中国人民的精神力量。井冈山精神、长征精神、大庆精神、航天精神、抗震救灾精神、抗疫精神等各个时期的精神无不体现了中国共产党人勇于创造的精神。过去在那么艰难困苦的条件下，我们党都能够创造出人间奇迹，今天我们一定能够继续创造中华文化辉煌的明天，一定能够把中国特色社会主义继续不断地向前推进。"这是一个需要理论而且一定能够产生理论的时代，这是一个需要思想而且一定能够产生思想的时代。"这是中国共产党人的文化自信。

---

① 中共中央文献研究室.习近平关于社会主义文化建设论述摘编 [M].北京：中央文献出版社，2017：5.

② 邓小平文选（第3卷）[M].北京：人民出版社，1993：2.

"优质高职"整体推进贫困村"美丽乡村"建设路径及政策建议 [①]

    当前，我国的两大热点问题：一个是国家高职院校的"优质高职"学校建设；另一个就是贫困村"美丽乡村"建设，也就是贫困村的整体脱贫问题，它事关国家的"乡村振兴战略"的成败。党的十九大报告指出"从现在到二〇二〇年，是全面建成小康社会决胜期"；同时，教育部要求到2018年建成200所优质高等职业院校。启动"优质高职"建设院校整体推进贫困村"美丽乡村"建设的制度创新及实践，必将在探索扶贫措施及道路上，为世界贡献出中国高等职业教育扶贫新方案。这在中国既具有紧迫的现实意义，也必将具有深远的全球性影响。

---

① 作者简介：刘兰泉，重庆工业职业技术学院。

一、国家"优质高职"建设的内涵

现代职业教育体系已经进入新阶段，从规模发展向内涵发展的转型成为高等职业教育发展的主导方向，也是高等职业教育改革的必由之路。教育部《高等职业教育创新发展行动计划（2015—2018 年）》（教职成〔2015〕9 号）指明，优质高职院校是"办学定位准确、专业特色鲜明、社会服务能力强、综合办学水平领先、与地方经济社会发展需要契合度高、行业优势突出"。

优质高职院校建设过程中及建成后至少具备8个"优秀"：优秀的师资，拥有一批具有国际化职教视野、高水平的"双师型"及"技术技能型"教师队伍，在地方行业企业具有较大影响；优秀的硬件装备，具备先进水平、地方特色的实习实训教学场地和装备，能够满足技术技能型人才培育全过程的需要；优秀的专业及专业群，专业及专业群在行业企业中具有显著影响力和知名度，能深度融入行业企业的产业发展，提供人力及智力支撑；优秀的应用技术研发及推广平台，这是培养及提升专业教师与高职大学生双向核心竞争力的关键，这种平台还应具有一定的市场占有率，也就是得到市场的认可；优秀的教育资源，具备足够多的信息化教学资源和多形式的教育手段，既能适应校内职教的需要，又能承担远程教育的功能；优质的社会服务，具备服务与引领地方经济社会发展的能力，具备完善的职业培训与管理体制机制，形成具有地方特色的职教服务品牌；优秀的高职大学毕业生，毕业生能够适应行业企业需求，能够"一专多能"实现自身人生价值，报效祖国及践行"中国梦"；优秀的大学职教文化，具备领先的高等职业教育办学特色和理念，能够代表中国高等职教品牌形象。

二、贫困村"美丽乡村"建设需求

党的十九大报告指出："确保到二〇二〇年我国现行标准下农村贫困人口实现脱贫，贫困县全部摘帽，解决区域性整体贫困，做到脱真贫、真脱贫。"同时，报告还指出："实施乡村振兴战略。"

贫困村是贫困县及区域性整体脱贫的关键环节，贫困村又是贫困户赖以生存的基本单元，贫困村"美丽乡村"建设既是国家整体脱贫的关键，也是国家"乡村振兴战略"的重要组成部分。贫困村的"美丽乡村"建设就是扶贫决胜期的核心任务与要求。从实践的角度归纳，贫困村的"美丽乡村"建设至少有八大需求：一是人才需求，人才需求是基础性，包括管理、专业及市场开拓等；二是技术技能需求，缺乏技术技能一直是贫困村的重要限制因素；三是贫困村建设"美丽乡村"的资金需求；四是由于青壮年外出务工就业带来的劳动力需求；五是产业"空心化"带来的极强的产业需求，这也是导致贫困的主要因素；六是民生改善需求，涉及住房、交通及医疗等方面；七是生态修复需求，"青山绿水"亟须生态复兴，而生态修复与地方产业发展、社会经济面貌及人文素养等极具关联性；八是发展特色产业所需要的组织形式及结构需求，引导贫困村组成自己的经济管理组织是其中的关键环节。除此之外，贫困村还存在市场意识不足、危机意识不足、思想有待进一步解放等需求。

三、整体推进的实现路径与政策建议

当前，也有一些优质高职建设院校在主动为贫困村及贫困乡提供支持，但从整体上分析，还没有形成"路径优势"和"政策优势"。

（一）整体推进的实现路径

"优质高职"建设过程中如何整体推进贫困村"美丽乡村"建设，可以通过"三个定向"扶持手段来实现，这也是检验及体现"优质高职"社会服务能力的有效途径。

1. 定向人才培育

教育部提出的"优质高职"建设项目，出发点就是要提高高等职业院校的人才培养水平，满足或者保障国家"一带一路""中国智造"建设及实现"中国梦"的需要。贫困村贫困的病根就在于人才的匮乏，"没有人才""人才流失"是普遍现象。

"优质高职"定向为贫困村"美丽乡村"培育人才一定要做好顶层设计及规划，突破过去以短期培训为主的人才培育模式，将贫困村的人才及人才群真正培育出来。一是建立"一校一村"人才培育机制及标准，也就是一个优质高职建设学校定向支撑及解决一个贫困村的技术技能型的人才培育，将贫困村的人才培育目标、途径、资金及验收指标等纳入"优质高职"建设项目中并形成制度，围绕着贫困村脱贫的产业核心及民生事业培育农村物流、信息技术、产品加工、特色产业及种养殖技术等各类技术技能人才。这是贫困村"美丽乡村"建设的核心和重心，它关系到贫困村的长治久安，需要若干具体配套措施来保障。如创新建立独立运行的"免费生学历跟读制度""中长期技能免费培训制度""半工半读听课制度"等。

二是建立起产业发展的"导师辅导"制度，利用优质高职院校"双师型"教师占比高的师资优势，在一个省级或者市辖市区域范围内组建指导贫困村产业发展的"教授团队""博士团队"以及"技师团队"，整合优质高职学校的各专业师资力量，由政府根据贫困村产业需求统一协调安排师资资源。这一制度的核心要求是"导师辅导"要接地气，需要导师们走出象牙塔，跟随贫困村产业发展的产前、产中及产后的具体要求，"俯下身子"与贫困村的兄弟姐妹一道实现产业发展及振兴，进而实现"美丽乡村"建设的目标。

2. 定向项目支撑

优质高职建设院校定向扶持贫困村 1 ～ 2 个产业项目，通过资金、技术及政策措施的整合，一个优质高职院校通过产业项目带动贫困村及贫困户走上产业脱贫、就地安置的发展道路。

做好定向项目支撑工作，一是要做好前期调研工作，根据贫困村及贫困户的统计情况，做好资源及开发调研的前期准备，经过论证，由优质高职院校提出建设方案，由地方政府统一决策再交由院校实施。二是要优质高职院校做好项目规划及资金筹措，优质高职建设项目本身由省级财政资金支持，建设院校有单位配套资金，再发挥优质高职院校整合行业企业的能力优势，一个院校带动一个或者几个行业企业形成"集团"，利用政策、项目、资金及行业企业优势，根据贫困村的资源及区位条件，可以实现实施一个项目发展一片，搞活一个产业带动一个贫困村的基本目标。

3. 定向创业就业

优质高职院校在大学生创业就业道路上已经形成了自身的特色及优势，将培育大学生创业就业的成功模式有条件地用于培育贫困村产业带头人、致富带头人及贫困村"两委"骨干人员，也必将收到四两拨千斤的效果。

具体而言，一个优质高职院校可以针对 1 ～ 2 个贫困村，组建贫困村创业就业"训练营"或者集中"培训班"，发挥优质高职在创业就业领域的创业指导教师、创业就业模式及训练手段的优势，成为贫困村培育脱贫致富的"领头羊"，发挥其以点带面的作用。这种"训练营"或者"培训班"应该是开放式的，既要求学员来院校集中受训，又可以根据产业需求安排创业就业指导教师到一线跟踪服务，达到理论与实践的深度结合。

（二）整体推进的政策建议

1. 地方政府促进"整体推进"保障机制的创新

实现"优质高职"院校建设深度融合贫困村"美丽乡村"建设的这一愿景，基本的保障就是地方政府的政策创新。一是建立跨部门的行政管理机制，突破高等职业教育与扶贫"两张皮"甚至是"多张皮"的政策障碍，用政策的刚性要求来促进优质高职院校对接贫困村，服务贫困村"美丽乡村"建设的重大需求，并使这种对接成为高职院校服务社会及提高自身美誉度的自觉行为。这种制度创新具有强烈的现实需求，需要引起地方政府乃至教育部的高度重视，发挥"顶层设计"的宏观作用。高等职业教育的优势将表现在增强贫困村现实发展，特别是对贫困村今后的持续发展将发挥集成示范效应。二是"优质高职"建设项目的地方行政主管部门，应将高职院校针对贫困村"美丽乡村"建设的社会服务及其效果，纳入"优质高职"建设项目的考核序列，大力推行在这个领域的优质高职院校"一把手"示范工程。在国家扶贫的决胜期，集中人力物力财力形成技术扶贫、产业扶贫的优势，在这一过程积累成熟经验加以推广和深化，在示范效益的基础上，逐步形成高等职业教育帮扶发展不平衡、不充分地区的宝贵传承并一以贯之。从而推动200所优质高职院校带领行业企业主动有为，并带动全国1300多所高职院校集体在贫困村脱贫的事业上贡献力量与智慧。三是地方政府主管部门与高职院校，均应创新并出台激励专业教师到贫困村"干事业""促产业"的系列优惠政策，将专业教师的自觉行为与党和国家的需要紧密结合起来。在这一过程中，要引导在校大学生参加教师团队，在服务基层的实践中夯实理论基础，同时这也是重要的理想信念教育的生动实践。四是地方政府要创新高职大学毕业生到贫困村创业就业的系列扶持政策，高职大学毕业生大多数来自农村或者集镇，应鼓励他们学成后报效家乡及周边贫困地区，如建立高职大学生返乡创业"学费奖返制度""产业发展扶持基金"等具体的扶持措施，这也是落实党的十九大报告指出的"深入开展脱贫攻坚，保证全体人民在共建共享发展中有更多获得感"①。

2. 高等职业院校职教扶贫模式的创新与引领

高职院校，特别是优质高职建设院校，应顺应时代要求，主动出击，积极有为，在贫困村"美丽乡村"建设的事业中实现高职教育内涵式发展及高职教育品牌的打造。一是高职院校应创新并完善办学思路及理念，查阅全国1300多所高职院校的办学章程或者办学理念，很少能看到主动将扶持农村贫困地区纳入其中的，这就是高职院校办学思路及理念的缺失。高职院校应创新并完善办学思路及理念，将扶持地方农村贫困地区与自身办学高度契合，这也是体现社会主义高校办学方向的具体实践。二是高职院校应创新扶贫管理机制，在地方政府的统一协调下，高职院校应及时出台扶贫的激励奖励具体管理措施及办法，为高职院校的专业教师实现社会服务、升华人生价值保驾护航。三是高职院校应完善"双师型"教师的储备，高职院校经过近20年的高速发展，"双师型"教师也相对不足，面对新时代的扶贫新要求，应积极开展调研，尽快提高"双师型"教师的数量和质量，奠定帮扶贫困村"美丽乡村"建设的基本人力基础。

"伟大斗争，伟大工程，伟大事业，伟大梦想"是时代的呼唤，在贫困村"美丽乡村"建设中的潜力及作为，是"优质高职"院校提升办学软硬实力的"发动机"；两个"建设"的深度融合程度及效果，也是考验地方政府和高职院校进入新时代后的一个"试金石"。

---

① 习近平. 决胜全面建成小康社会 夺取新时代中国特色社会主义伟大胜利——在中国共产党第十九次全国代表大会上的报告 [M]. 北京：人民出版社，2017：23.

"工匠精神"融入高职校园文化建设策略研究 ^①

　　2016年3月，李克强总理在政府工作报告中，提出培育精益求精的"工匠精神"。"工匠精神"的内核就是追求卓越的创造精神、精益求精的品质精神、用户至上的服务精神。在高职教育中引入"工匠精神"就是为了把高职学生培养成为国家和社会要求的，行业和企业需求的，既具备技术技能又具备"工匠精神"的优秀人才。具备了"工匠精神"的教师，才能培养出学生的"工匠精神"。将"工匠精神"的培育和校园文化建设融合一起是高职教育容易忽视的一个盲区。目前，大部分青年教师为应届毕业生，学历高，但动手能力弱，缺乏培养工匠的能力，同时很多学生对"工匠精神"理解不够。一部分高职院校的校园文化不够浓厚，也有很多学校喜欢跟风照搬别的学校的文化特色，也忽视了

---

　　① 作者简介：邓昭俊，傅贻忙，湖南铁道职业技术学院。

"工匠精神"的培育。因此，大多数高职院校迫切需要尽快补上短板，走出过于重视学历和科研、文化教育，忽视自身"工匠精神"职业素养培育的误区。"工匠精神"融入高职校园文化建设策略研究，有利于推动高职教育改革创新发展，有利于打造高职院校为企业培育"匠人文化"，有利于推动职业教育学生素养培育。因此，"工匠精神"融入高职校园文化建设策略研究，已成为新时代步伐下必行之路。

一、"工匠精神"融入高职校园文化建设必要性分析

2016年政府工作报告指出，"鼓励企业开展个性化定制、柔性化生产，培育精益求精的工匠精神"。要实现这一宏伟目标，就需要培养一批既对工匠精神有深刻理解与崇高追求，又有精益求精的技艺绝活和意志品质的大国工匠。习近平总书记也在党的十九大报告中对中国制造发展提出了"弘扬劳模精神和工匠精神，营造劳动光荣的社会风尚和精益求精的敬业风气"的新要求、新指示。高职院校作为企业技能型人才的培养基地，需要与时俱进培养企业所需的合格人才。高职院校大部分教师对学校的传统和发展非常关注，通过自己的言传身教将自己的技能、知识、修养和学校的文化传授给学生，但是对于如何将"工匠精神"融入教学，如何通过校园文化直观地展示和影响学生是比较欠缺的。高职院校的学生对自己的未来充满希望，对自己的职业规划比较迷茫，不了解职业素养，更加不了解"工匠精神"。

面对以上情况，高职院校如何培养教师和学生的"工匠精神"

尤为重要，如何将自身的校园文化和"工匠精神"结合起来，提升自己文化传统，培养企业所需，社会认可的"匠人学生"，从而以文化人、以文育人将直接影响学生的未来，影响学校的文化建设和发展前途。

二、"工匠精神"融入高职校园文化建设可行性分析

"工匠精神"融入高职校园文化，培养具备"工匠精神"的高职教师，使其能够在专业发展上根据职教主体需要不断追求自我发展，以适应高职教育发展的内在要求，不断更新教育教学观念，以实现自身"双师型"高职教师发展，最终成为本专业的行业和教育能手，使"工匠精神"融入自身。培育在专业上融会贯通，在技术上追求极致，在课程理论与教学实践中落实"工匠精神"，全心全意地把教育工作做到最好的高职教师。

"工匠精神"融入高职校园文化，使其能够通过校园文化，更加直观地让学生理解什么是"工匠精神"，自己如何将"工匠精神"成为自己的职业追求，把学生培养成为具有"工匠精神"的新型人才。在教育教学中，不是把学生当作"物"去雕琢，而是在匠心化育的实践中实现对"技"的超越，既教给学生专业技能，更培养学生的"工匠精神"。

"工匠精神"融入高职校园文化，是将学校本身的传统和文化进行升级，将学校固有的文化传承升级为"匠人文化"。把"工匠精神"内化于心、外化于行，就会潜移默化地转化到学生的职业素养里，扎根在学生的心里。合理运用"工匠精神"培养学生

的理念和能力，营造学生"工匠精神"的育人环境，更好地把"工匠精神"融合到学生活动之中，把"工匠精神"贯穿于高职教育人才培养的全过程，帮助学生发展成时代需要的新型优秀的人才。

三、"工匠精神"融入高职校园文化建设策略

（一）将"工匠精神"融入校园物质和环境文化建设

高职院校可以通过校园建筑的历史、校园建筑的风格来展示"工匠精神"，利用宣传栏、雕像、微博、QQ、微信公众号等来宣传"工匠精神"。通过校企合作培养具有"工匠精神"的教师和学生。对具有"工匠精神"的教师团队进行奖励，促进高职引入教师渠道的多元化、专业化，打破唯学历、唯资历的教师引入思维。对评奖评优、技能竞赛中获奖的同学进行宣传，同时给予奖励。让教师和学生都能深切感受精益求精带来的物质奖励，起到宣传"工匠精神"的作用，让其在教师和学生心中生根发芽，从而使学生更加追求和传承"工匠精神"。

（二）将"工匠精神"融入校园精神文化建设

将学校的办学理念、办学目标用简单的文字定义，将"工匠精神"的务实、求真、精益求精的内容加入其中，从而在学校的校训或者其他方面体现出"工匠精神"的内涵。通过修改学生培养目标和方案，在校园教学、校企合作等教学环节中加大宣传力度，强化"工匠精神"内涵式教学能力。通过开展职业素养教育和引进企业匠人文化、匠人底蕴实现共鸣、共融、

共享，培养学生主人翁意识，树立正确的职业道德，提升自身的职业素养，增强学生职业素养内涵的理解，追求绿色持续创新能力的培养。

（三）将"工匠精神"融入校园行为制度文化建设

将"工匠精神"化为实际行动，适时开展不同类型的学生活动，比如，邀请优秀校友或者"匠人"来校讲座，开展志愿者活动，创办优秀的社团，创立校园文化展示基地等。组织不同的校园专业知识活动的比赛，邀请企业参与评价，从而对培养学生"工匠精神"发展路径的建立起到促进作用。

建立合理合法的校园制度，开展6S即整理（SEIRI）、整顿（SEITON）、清扫（SEISO）、清洁（SEIKETSU）、素养（SHITSUKE）、安全（SECURITY）寝室管理制度。建立合理合规的班级制度，开展班级德育教育。规范实验室使用制度，从平时养成规矩做事的态度，甚至可以将这些制度转换成分数，开展综合素质评比。

四、总结

在"大国工匠"精神的引领下和供给侧结构性改革的背景下，高职院校注重将"工匠精神"融入校园文化建设策略研究，培育教师的"工匠精神"既是提高学生职业文化素质的前提，也是个人专业化发展的必然结果。高职院校重视对学生"工匠精神"培养，不仅要培养学生追求极致、精雕细琢、至善至美、钻研创新的"工匠精神"，更要注重学生内在修养的培育，涵养大师气魄，从而培养出企业和社会认可的优秀"匠人"。同时推动高职院校文化建设的新发展和创新学校文化升级为特色的匠人精神。

"三年四季一校园"侨乡传统文化育人体系总体方略思考 ①

　　江门职业技术学院构建"三年四季一校园"侨乡传统文化育人体系，进行了一系列行之有效的教育活动实践。所谓"三年"指学生在校学习的三年时间，一年级是传统文化研习年，二年级是传统文化提升年，三年级是传统文化践行年；"四季"指春、夏、秋、冬四季，分为节庆文化研习季、古典文学品赏季、地方文化观摩季、传统艺术展演季；"一校园"指整个校园，包括环境布置、舆论宣传。确定了三个层面的目标：学生层面，提升学生的整体文化素养和思想政治水平；学校层面，打造学校重要的文化品牌，进一步促进学校大思政格局构建；教师层面，推动形成教育科研成果，提升教师对文化教育的重视程度。

　　为了更好地总结反思，从理论的高度指导今后的实践，本文

---

①　作者简介：宋旭民，江门职业技术学院。

拟对这一育人体系的总体方略进行归纳与构建。从教育学的角度看，总体方略就是某一教育方案在确定了实现目标的基础上，制定总体的实施思路，它具有宏观性，可对具体的实施策略提供指引方向。

从目前的研究来看，不少高校提出了开展传统文化教育的方向，但往往只见零碎的策略，难以形成系统性、连贯性。如王凌晨提出文化传统教育模式，但只有用课堂主渠道、以文化主题宣传带动文化传统教育两个方面的措施[1]；陈育芳把中华优秀传统文化教育提到了体系构建的高度，但所搭建的体系也只是在前面提到的两方面基础上加入了党团活动[2]。笔者以为，这样的体系构建还是远远不够的。究其原因，就是未能从整体上确立教育的总体方略。

因此，本文拟在这方面进行尝试。我们把育人体系的总体方略归纳为"六合"，细分为18种关系，分别从教育类别、教育内容、教育方式、教育场所、教育媒介5个角度进行探讨。

一、思政教育与文化教育相结合

这是从教育类别角度进行思考。教育部的《完善中华优秀传统文化教育指导纲要》（后简称《纲要》）明确指出加强中华优秀传统文化教育的指导思想包括："坚持以邓小平理论、'三个代表'

---

① 王凌晨.高职校园文化建设中的文化传统教育模式探讨[J].教育与职业，2012，（12）.

② 陈育芳，陈少平.高校中华优秀传统文化教育的体系构建与实践探索[J].高校辅导员学刊，2016，（6）.

重要思想、科学发展观为指导，深入贯彻落实党的十八大、十八届三中全会精神和习近平总书记系列重要讲话精神，全面贯彻党的教育方针，积极培育和践行社会主义核心价值观，围绕立德树人根本任务，以弘扬爱国主义为核心的团结统一、爱好和平、勤劳勇敢、自强不息的民族精神为主线。"[①] 可见，中华优秀传统文化教育从根本上就具有思政教育的属性。

正因如此，由中华优秀传统文化教育衍化而来的"三年四季一校园"侨乡传统文化育人体系既是文化教育，同时也是思政教育，把两者相结合就成为首要的总体方略。而要使这个结合达到预期目标，就需要处理好三种关系。

（一）处理好主导与主体的关系

十九大报告明确提出，要建立文化自信，"必须坚持马克思主义，牢固树立共产主义远大理想和中国特色社会主义共同理想，培育和践行社会主义核心价值观，不断增强意识形态领域主导权和话语权，推动中华优秀传统文化创造性转化、创新性发展，继承革命文化，发展社会主义先进文化，不忘本来、吸收外来、面向未来，更好构筑中国精神、中国价值、中国力量，为人民提供精神指引"。习近平总书记在纪念马克思诞辰200周年大会上的讲话则再次强调，要学习和实践马克思主义关于文化建设的思想，"发展社会主义先进文化，加强社会主义精神文明建设，把社会主义核心价值观融入社会发展各方面，推动中华优秀传统文化创造性转化、创新性发展，不断提高人民思想觉悟、道德水

---

① 完善中华优秀传统文化教育指导纲要 [EB/OL]. 中华人民共和国教育部网站，2014-03-26.

平、文明素养,不断铸就中华文化新辉煌"。因此,具有思政教育属性的侨乡传统文化育人体系就必须以马克思主义思想为主导思想,从根本上定好调,以之为标准鉴别与筛选文化教育的方向与内容。

另一方面,思政教育不能代替文化教育,要坚定文化自信,就必须引导学生深入学习博大精深的传统文化,在吟诵品赏中、在摩挲体验中感受其魅力。因此,这一育人体系必须坚定地以传统文化学习为内容主体,不能因思政教育而淡化文化教育,更不能以思政教育代替文化教育。

(二)处理好抽象与形象的关系

思政教育以说教为主,显得较为抽象,文化教育以感受为主,显得较为形象。但是,侨乡传统文化育人体系具有两种教育的属性,不仅不能偏颇其中一方面,还应利用这一优势,把两者的优缺点进行整合,取长补短,提高教育效果,以更好地实现教育目标。

一方面,利用文化教育的形象性特点,通过具体生动的文化事件、文化人物、文学作品、非遗工艺、传统习俗等文化事象,吸引、感染、教化教育对象,避免思政教育的枯燥乏味劣势,提高教育的有效度。

另一方面,还要利用思政教育的抽象性特点,引导教育对象不局限于感受文化事象,更要提升到理论的高度,学习这些文化事象背后蕴含的世界观、人生观与价值观,从而更深入地理解传统文化的核心要义与魅力源泉。这样就能避免文化教育可能存在走马观花、浅尝辄止的弊端,把教育引向深入。

（三）处理好精华与糟粕的关系

十九大报告中明确提出，所弘扬的是中华优秀传统文化，由于历史局限，传统文化中某些方面内容不属于弘扬的范畴。因此，在侨乡传统文化育人体系中必须区分出精华与糟粕，对精华进行学习弘扬，对糟粕进行批判摒弃，这也符合前述的以马克思主义思想为主导思想的原则。具体而言，区别精华与糟粕，应秉持以下几条原则。一是是否适应时代发展的需要。对于那些与时代发展相背离的传统文化内容，应进行批判性接受。比如，那些已随社会发展消亡的小脚、长辫等传统，就应该予以批判。二是是否符合社会主义核心价值观要求。一些带有封建迷信内容的遗存，如民间信仰、迎神赛会等，就与社会主义核心价值观格格不入，虽然在当代仍可能有继续存在的价值与空间，但并不适合进入校园。

二、传统文化与侨乡文化相融合

这是从教育内容角度进行思考。中华传统文化是中华地区各个地方文化的交融、汇聚、取舍的结果，并通过历代中央政权的推广、教化，逐步演变固定下来的文化表现样式，它是各地方文化的集中表现。同时，地方文化往往又是在地域文化的基础上，借助行政、商贸、信俗等途径，或主动或被动地接受主流文化的影响而形成的文化样式，它呈现出千姿百态的状况。总体而言，地方文化所体现的内涵、传达的理念大都与中华传统文化相一致，但可能偏重于某些方面，其深广度不如中华传统文化。费孝通先生认为，中华传统文化与地方文化是多元一体的关系，因地域不同而形成多元，共同组成中华文化而成为一体。

江门的侨乡文化是中华传统文化的一个分支，是一种具有较强特点的地方文化。白少玉认为，其主要特征表现为五个方面：一是兼容并蓄的多元性；二是济民务实的重商性；三是敢为人先的竞争性；四是远儒鼎新的开放性；五是直观享乐的世俗性。从历史角度来看，它从宋代以来就深受中华传统文化的影响，并产生了以理学大师陈白沙为代表的江门学派，同时，它在近代以来又受到外来文化的影响，把外来文化中鲜活的元素融入其中，呈现出生动活泼的一面。要使传统文化与侨乡文化相融合，就要处理好以下三种关系。

（一）处理好主要与次要的关系

种种研究表明，侨乡文化深深地刻上中华传统文化的烙印，在近代以前虽然融入了地域的重视鬼神、好斗尚勇、开放包融等岭南文化，近代以后融入了多元的外域文化，但岭南文化更多地作为一种小传统而存在，外域文化则作为包装于中华文化之外的显性形态而存在。因此，在构建侨乡传统文化育人体系过程中，必须明确传统文化是主要内容，而地方文化则是次要内容，切不可将二者的关系颠倒。也就是说，整个育人体系的学习，应是以传统文化为主，适当加入侨乡文化，即使在侨乡文化的学习中，也应强调其源于传统文化，不能与传统文化割裂。

比如，在介绍侨乡的乡贤理学大师陈白沙时，他构建的思想体系都是以儒家思想为基础的，其中忠、孝两方面是陈的思想核心之一，这是他对传统文化的贡献与发展。这样，对陈白沙思想的介绍就是一个学习传统文化的过程。同时，陈白沙的大部分时间生活在江门，留下了众多的描写江门当时乡村生活的诗歌，这也是学习陈白沙的另一个要点。但是，其诗歌深受传统文化影响，在品赏其诗时，实质就是一个学习鉴赏古典文学的过程，对江门风情的感受只是其中一小块内容。通过这个例子就能清楚地看到，以传统文化为主与以侨乡文化为次的关系。

（二）处理好共性与特性的关系

上面提到，要以传统文化为主，以侨乡文化为次，那么，是不是意味着侨乡文化在这个体系中可有可无，或者只是一个多余的装饰？我们认为，由于侨乡文化糅合了岭南文化、外来文化元素，与传统文化相比，与其他地方文化相比，呈现出一些不一样的特征，这是一笔先辈留下的宝贵财富，也是开展爱国爱乡教育的绝佳资源。因此，在开展教育时，必须同时突出其共性与特性。突出共性，是为了上升到对国家、民族的认同，潜移默化地开展爱国主义教育；突出特性，才能让教育对象更好地理解中华文化"多元一体"的特点，从更深层次认同中华文化的博大精深。也就是说，传统文化侧重于讲共性内容，侨乡文化侧重于讲特性内容，二者并不因篇幅的前者多后者寡而决定其重要性的偏颇；同时，两者缺一不可，相辅相成、相得益彰。

具体到实践，可以筛选一些有侨乡特色的内容进行重点学习。比如，开平的碉楼就是中西合璧、中学西用的典范，可以重点展示其中独具侨乡特色的内容，带出那段催人泪下的华侨创业史，并点出华侨的创业精神正是对自强不息、勤劳勇敢的民族精神的延续与创新，它既是江门人的骄傲，也是中国人的骄傲。通过这样的学习，就能让教育对象明白侨乡文化在传统文化中的地位及其对传统文化的贡献，既坚定了对地方的自豪感，又进一步增强了对国家民族的认同感。

（三）处理好传承与创新的关系

在本研究中，对于传承与创新，应有两个层面的理解。其一，侨乡文化之于传统文化，存在传承与创新；其二，对于传统文化与侨乡文化的学习，本身就是一种传承与创新。而在探讨传统文化与侨乡文化相融合的论述中，传承与创新应主要集中在前者，就是明确侨乡文化既是中华传统文化的传承，又是中华传统文化的创新性发展。

三、学制教育与课外活动相配合

这是从教育方式角度进行思考。本育人体系包括四个方面的育人方式，包括课程育人、活动育人、环境育人和舆论育人，前两种可做一对概念进行对比配合，后两种则做另一对概念对比，下一部分将讨论另一对概念的配合问题。

这里的学制教育概念是一个狭义概念，指各个专业人才培养方案中规定的可取得学分的课程学习，而不包括其他未列入培养方案之中、未能取得学分的教育手段。学制教育留下的教育空间由课外活动来填补。从这个意义上说，课外活动是学制教育以外所有由学校各级组织牵头举办的主题活动。从概念的定义可以看出，两者之间天然地具有互补关系。

《纲要》提出，在课程建设和课程标准修订中强化中华优秀传统文化内容，充分发挥中小学德育课和高校思想政治理论课的重要作用。这就为侨乡传统文化进课程提供了法规依据。同时《纲要》又指出，依托少先队、共青团、学生党支部、学生会、学生社团等，开展主题教育、理论研讨、社会实践、志愿服务、文艺体育等形式多样、丰富多彩的活动。课外活动也无可代替地成为学习侨乡传统文化的重要途径。因此，这两种主要的教育方式必然需要处理好相互配合的关系。

（一）处理好骨干与血肉的关系

在本育人体系中，学制教育与课外活动不是谁更重要的关系，而应是骨干与血肉的关系，两者同样重要，两者在各自的位置上发挥着不可替代的作用。

学制教育的骨干作用主要体现在两方面。一是系统而全面地学习侨乡传统文化内容。如一年级开设《侨乡文化概论》课程，有专门的学时、教材，帮助学生从整体上了解侨乡传统文化概况，由我校主编的《大学语文》加入了侨乡文学元素，并都作为讲读课文进行重点讲授；二年级结合专业课程，把侨乡文化元素融入课程内容之中，并利用课前5分钟进行与专业相关的侨乡文化自主学习，在一年级的基础上深化对侨乡传统文化的认识与理解；三年级则结合毕业实习、毕业论文、毕业演出、毕业展览等内容，开展形式多样的侨乡传统文化实践活动，让学生把前两年中学到的知识进行实践运用。二是这些课程面向全体学生开设，有专业教师进行指导学习，必须通过考试取得学分，能有效地提高学生的侨乡传统文化素养。因此，学制教育从主体上树立起整个侨乡传统文化育人体系的框架。

课外活动的血肉作用主要体现在对学制教育这一骨干的丰富充实，以多种形式开展，既填补了学制教育只从整体着眼、较为生硬的弊端，也充分利用了课外时间，加大育人的强度。

（二）处理好规定与自选的关系

作为学制教育，因为是面向全体学生开展的，是规定动作，教育对象必须接受，特别是在大一、大二，几乎没有选择余地。而课外活动主要由团委、系部、班级主导开展，学生可根据自身的特长与兴趣，进行自主选择。因此，学制教育与课外活动就应做好规定与自选的配合，在规定动作中利用其主导性、引领性、全面性特点，为学生开展课外活动打好知识基础，培养认知兴趣；在自选动作中则应利用其灵活性、自主性、开放性特点，让更多学生积极参与、寓教于乐、学以致用，配合实现育人效果最大化。

（三）处理好被动与主动的关系

学制教育与课外活动还存在被动与主动的关系。学制教育由于是规定动作，更多的是被动行为，而课外活动是自选动作，更多地体现主动行为。当然，这也不是一刀切式的划分，学制教育只要教学得法，也能很好地发挥学生的主动性，而课外活动中，学生因为一些外界因素影响，也可能存在被动参与的情况。但是，并不是说被动就是不好的，而主动就没有弊端，这里也存在一个正确处理两者关系的问题。

一方面，在被动教育中做好监督与引导，让教育对象积极参与到学习之中，并为其开展主动学习打下基础；另一方面，在主动学习中充分调动教育对象的主观能动性，使其学习既不偏离侨乡传统文化这一主题，又能有一些创造性的发现与发挥，并把这些成果积累下来，进一步完善育人体系，提高学习效度。

四、舆论宣传与环境熏陶相配合

这是另一对教育方式的对比配合。在讨论这一对教育方式内部的关系之前，首先要讨论它与前一对教育方式的关系问题。

一方面，学制教育与课外活动是硬性教育，教育对象必须在规定时间以规定动作完成规定任务；舆论宣传与环境熏陶则是软性教育，教育对象对接受内容与接受程度有更大的自主权，但与前者相比，更多地通过潜移默化的方式熏陶感染，是前者的重要补充方式。

另一方面，从测量评价上说，学制教育与课外活动的教学量和教育效果在一定程度上是可以量化测量和评价的；而舆论宣传与环境熏陶的教学量和教育效果则不容易准确测量，也难以用明确的判断式语言评价，但如果缺少了，必定影响到前者的教育效果，从广义上也是一种教育手段的缺失。

对于舆论宣传，在不少高校的活动中相当重视，但对于环境熏陶方面，重视的程度则不够，未能将它提升到与其他几种教育方式相同的高度。我们认为，要构建一个完整的育人体系，环境熏陶的作用是必不可少的，它可以与舆论宣传形成互补，形成全方位育人的格局。正因如此，必须从三方面处理好舆论宣传与环境熏陶的关系。

（一）处理好短期与长期的关系

舆论宣传的载体主要是宣传栏、校报、微信公众号、微博、校园广播等，侨乡传统文化的宣传可以成为其宣传的导向，但不可能每一篇都生拉硬扯进这一元素，而只能在相对合适的内容中增加，这就决定了舆论宣传往往是短期行为，在某一个时间区间内产生侨乡传统文化方面的教育效果。与之对比，环境熏陶主要依托校园布置、建筑设计、建筑命名等方面内容实施，相对固定。这就决定了这种教育是长期行为，教育对象只要在校园内学习生活，每时每刻都会受到环境的耳濡目染。两者刚好实现优劣势的互补，在校园内营造浓郁的侨乡传统文化氛围。

那么，在处理这对关系时，一方面要注意做好短期行为的长期性问题，就是说，虽然每一项舆论宣传都是短期行为，但应有一个顶层性的设计、长期性制度，使关于侨乡传统文化方面的舆论宣传能够经常性地出现在校园内。

另一方面，要让长期行为成为短期行为的有力支持。长期行为营造的氛围与平台，也即校园环境，应成为短期行为的"布板"，让短期行为更好地实施。比如，我校在进行楼宇命名时，以一系列传统文化的理念进行命名，如第一饭堂因临近西江，便命名为"西江月"，由此得到师生的认可。为此，学校在书香节上举办了一次以"西江月"词牌为限定格式的填词大赛，并把优秀作品悬挂于第一饭堂的墙上，供师生鉴赏。

（二）处理好现实与虚拟的关系

在舆论宣传与环境熏陶这对教育方式中，存在现实与虚拟的关系，舆论宣传中的宣传栏、校报、校园广播属于现实性的，微信公众号、微博属于虚拟性的；环境熏陶中的建筑实体、环境布置属于现实性的，而楼宇名、设计理念属于虚拟性的。也就是说，这对关系并非以绝对切割的方式分别分布于两种教育方式中，而是交错地分布于两者中，但这种状态并不妨碍我们讨论这对关系的处理。而且，由于现实性与虚拟性错综复杂的分布，使其关系的讨论更具难度。

一方面，现实性与虚拟性应密切相关。虽然呈现的方式不一样，受众的广度、精准度和时效性等方面都存在差异，但无论在两种教育方式内部还是在两者之间，都必须密切相关，在同一时期，有较为一致的内容主题，实现相得益彰的效果。比如，对梁启超的宣传，在舆论宣传方面既有关于他的文章（校报、宣传栏）、推文（微博、微信），也有关于他的画像（校园环境），他的笔迹（楼宇命名），实现虚实相间、虚实结合。

另一方面，现实性与虚拟性有所侧重。由于在受众接受的自由度和传播的有效性方面存在差异，侨乡传统文化在现实性与虚拟性的传播中，可以有不一样的特征。相对而言，虚拟性的内容受教育对象的支配程度更高，决定了它应该更好地契合教育对象的口味，直白地说就是要放低身段。如在微信推文中进行传播，就要考虑以更有趣的语言、多用图片、视频等形式；而在楼宇命名中，也应考虑到受众的审美情趣、语言习惯，用一些更能引起他们注意的用语，而对一些容易引起误会、存在同音歧义的用语，则要慎用，把第一饭堂命名为"西江月"受到追捧，就是一个正面的例子。

（三）处理好显性与隐性的关系

由于舆论宣传有明确的导向性与目的性，甚至受到一定时期内的意识形态要求的作用影响，它在开展侨乡传统文化教育中相对呈现显性，而环境熏陶的导向性与目的性则相对较弱，更多地遵循教育的普遍规律开展，如校园环境布置一般以安静、舒心为主要要求，不会为了某种特定的教育诉求而破坏其平衡。这样就决定了环境熏陶更多地呈现隐性特征。

一方面，隐性教育要与显性教育相呼应。虽然隐性教育不突出某种特定教育诉求，但不妨把这种诉求以形式化的内容体现，如楼宇的设计中包含了一定的理念，有明确喻义的校徽、校旗标识经常性地出现在校园环境之中。

另一方面，显性教育要以隐性教育为依托。显性教育常常又离不开隐性教育这一载体，而且必须与之相协调，不能超出了隐性教育所能承受的限度，以免出现不和谐之感。比如，我校尽可能利用校内的设施进行一些多元化的宣传教育——在路灯设置国学灯箱，在主要校道设置"职字牌"，在弧形楼、教学楼等位置设置文化长廊，这些内容一定要与所在的环境相一致，如果过密，则容易引起受众反感；如果太浓艳，则容易破坏校园的宁静氛围；如果过于烦琐，所宣传的内容可能发挥不了效果。

五、校内学习与校外实践相整合

这是从教育场所角度进行思考。一般而言，整个育人体系的主战场在校园内，但由于学制的设定、课程的设定，教育对象有相当部分时间在校外，必须把这些校外时间有机地整合到育人体系中，既实现育人效果的最大化，又可为育人提供更多元更可感的教育机会。

具体到我校，校外的时间包括三年的寒暑假以及见习、实习等课程。在本育人体系中，把寒假纳入"节庆文化研习季"之中，因为寒假期间教育对象会经历农历春节，而这正是中国最重要的传统节日；暑假则纳入"地方文化观摩季"，因为我校每年都会组织大规模的学生三下乡实践活动，这正是走出校园接触社会的最好机会，在此期间，布置适当的地方文化观摩活动，就能进一步丰富整个活动。在实施过程中，应关注以下三种关系的处理。

（一）处理好主场与飞地的关系

这是从空间维度上进行论述。学校校园不言而喻是本育人体系的主场，而校外实践基地、学校所在地区、学生家乡则是育人体系的飞地。飞地由于存在不可控性、多样性、开放性等特点，是开展育人时的难点所在。

一是要实现组织衔接。在飞地开展的课程或活动，应设置一定的组织，而且这样的组织最好能与校园内原有的组织相衔接，以实现管理上的可控性，使布置的任务能按时、按质、按量完成。

二是要充分利用虚拟方式有效链接。留在学校的主管领导、班主任、辅导员等人员不可能长时间关注这些出外的教育对象，他们可以通过微信群等虚拟方式对外出教育对象群体进行及时指导与监控。有了这样的监控，则可使飞地的多样性影响减少，实现与校园内容管理的同一化。

三是要实现管理人员衔接。学校应派带队教师，实践、实习所在地方应设置管理人员，两者之间实现有效沟通，并在成绩考评时以一定权重体现到最终结果中。这样就能使飞地的开放性在当地管理人员的介入后变得相对封闭，有利于教育目标的实现。

（二）处理好学期与假期的关系

这是从时间维度上进行论述。学期相对于假期而言，其时间更长、更集中，可实现的教育目标也更有效，但不可忽视了假期的作用，它往往是由教育对象自由支配的时间，大部分会以旅游、参与群体性活动等方式度过。这就像一个隐蔽的宝库，只要擅于挖掘，也可成为本育人体系的重要支撑。

一方面，要注意学习的延续性。学期与假期虽然是两个截然分开的生活阶段，但也是学习生涯的一部分，因此，存在延续性。这种延续既是假期对学期的延续，同时也是学期对假期的延续。比如，三下乡活动就是假期对学期的延续，而假期春节实践之后开展的"节庆文化研习季"，又是学期对假期的延续。

另一方面，要注意学习性质的区分。由于假期处于休息、放松的状态，很多教育对象又安排了系列的娱乐活动，这就决定了假期的学习安排不可能与学期相同，而必须有本质上的区分。首先是寓教于乐，在娱乐活动中实现教育目的；其次是多元学习，学校可以设定传统文化主题，但每个学生的学习内容、感悟内容都可以不一样，呈现千姿百态的状况；再次是注重评价，在假期结束后的评价，不应走过场，而应该在开学后进行评价，如评奖、经验交流等，以促进后续的假期活动有序有效开展。

（三）处理好学习与实践的关系

这是从参与维度上进行论述。对于高职院校而言，学习与实践是一对重要的概念，学习侧重于理论学习、校内学习，而实践侧重于实践训练、校外见习实习。从中国的传统而言，文化的感悟也不单纯是学习，还应包括实践。孔子曰："学而时习之，不亦乐乎。"这里的"习"原指"雏鸟试飞"，引申出来的意思是实践。此句的意思是学习并时常实践，就非常快乐。正因如此，侨乡传统文化育人体系的构建，应有学习与实践的整合，才能更好地达到教育目标。

一方面，要注意学习与实践的循环统一问题。学习与实践应是相互转化、相互促进的关系，循环往复、不断递进。因而，两者不能截然分开，而应该通过"吸收—践行—反思—吸收"的过程，循序渐进，加深体认。只有这样，才能实现整个育人体系内各个环节、各项内容的有机整合。

另一方面，要注意学以致用的问题。所谓的"用"，一是用于专业的学习之中，二是用于社会的服务之中。只有把学到的侨乡传统文化用于专业的学习和社会的服务中，才能在实现其价值的同时也增添教育对象继续学习的信心与兴趣，这也正是此育人体系的目标所在。

六、传统媒介与新兴媒介相统合

这是从教育媒介角度进行思考。对于新兴媒介的定义，学界普遍认为，由于时代发展，所谓的"新"不断出现，每个时代相对于前一个时代都谓之"新"，当代关于"新兴媒介"的定义应建基于20世纪80年代后出现的新技术而言。另外，学界也存在"新兴媒介"与"新兴媒体"混用的情况，一般而言，"媒介"强调传播的介质属性，"媒体"强调了传播主体，更多用于新闻传播领域。本文更多地强调其介质属性，故采用前者。新兴媒介是指在计算机、互联网络、通信等信息技术基础上发展出来的、用以实现信息传播与互动的新型媒体形态，具体到本育人体系包括微信、微博、校园网等。与之相对，传统媒介则指以大众传播为方式，通过某种机械装置定期向社会公众发布信息或提供教育娱乐的交流活动，具体到本育人体系包括校报、宣传栏、广播、展板等。

两类媒介各有优缺点，传统媒介具有方便管控、便于保存等优点，也具有传播内容少、传播方式单一、传播速度慢等缺点。新兴媒介则具有传播快捷、互动性强、传播容量大等优点，也具有管控难度大、传播容易失真等缺点。从优缺点的分析可以看出，两类媒介具有较强的互补性，基于此，两者的统合就要处理好以下三种关系。

（一）处理好形式与内容的关系

一般而言，媒介更多的是形式问题，作为内容的侨乡传统文化则是不变的。比如，当教师用黑板、粉笔上课，属于传统媒介，若通过网络授课，则又属于新兴媒介范畴；又如，同样的文章，发表在校报、宣传栏，则是新闻、消息、评论，发表在微信，又成为推文。

不过，值得注意的是，由于不同媒介有不同特性，同样的内容也要进行相应调整优化，以更好地与相应媒介对接。比如，同样的教师讲课，在课堂上则要尽量详尽、系统，在网络上则要短平快；又如，同样的文章，在推文上则要加入生动图片、适当缩减篇幅。只有处理好形式与内容的关系，才能实现传播的最大化。

（二）处理好优与劣的关系

前边提到，两种媒介各有优缺点，但不存在何种媒介更优、何种媒介更劣的区别，而只存在何时何处何种情况使用何种媒介更加合适的问题。正因如此，必须认清两者的优缺点，选择使用更合适的媒介开展教育工作。比如，在面对大一的学生，教师的课堂讲授会更加系统直观，可为学生今后的学习打下基础；面对大三的学生，短平快的微课则可为离校实习的他们送去精神食粮。又如，校报、宣传栏适合对侨乡传统文化进行细致展现，而推文则适合对其进行快速传播，可视不同的需求而采用相应的手段方式。

（三）处理好慢与快的关系

慢与快都是相对的，传统媒介与新兴媒介相比，传统媒介的更新速度、传播速度相对较慢，呈现的是慢的状态，而新兴媒介则呈现快的状态。对于新闻传播而言，当然是快比慢好，但转移至教育领域，慢的缺点在某种情况下也可转化为优势，而且更为突出。因此，在处理慢与快的关系时，一要注意发挥传统媒介"慢"的严谨特点，确保所展示的文化内容没有错漏问题；二要适时将传统媒介的成果转化到新兴媒介上，利用其"快"的优势进行传播。

高职人才培养与社会需求驱动关系研究 [①]

——以重庆"两江新区"人才需求为背景

一、高校人才培养与社会人才需求的关联性

高校是经济社会发展需求的主体之一，虽保持自身规律性，但最终受制于社会人才需求所驱动和影响。在高等院校体系中，高职院校同大学、应用型本科院校一道，承担着社会人才培养的需求，特别是为社会广大实践一线输送大量高端技能型人才。

"洪堡认为在大学里应该维持一个统一的框架，这个框架能够使所有的科研计划在加强个体的视野、知识和自我理解方面达成一致和合作。"洪堡时代强调科研，将科研仅作为科研对待，而不是将科研的最终目的指向社会和服务社会实践。现代高校的价值追求早已打破洪堡时代高校所形成的，不讲功利而纯粹热衷于纯学术的科学理论研究上，而是与实践中产业技术紧密相连并

---

① 作者简介：梅象华，许尚立，重庆工业职业技术学院。

为之服务，校企合作成为高校服务社会常态。如北京中关村就是以大学为依托，以高新技术产业群为基础形成的产学研结合的科技发展基地。社会和企业对于人才需求上的驱动力将决定着高职院校特别是工科为主打的院校人才培养的方向，具体体现在学科和专业的建设上与社会的同步性上。

（一）高校专业设置

通过分析全国各地支柱产业或者优势产业，高校在专业设置上有之服务的关联性表现在以下几种情况。

1. 明显正相关性。西藏医学院以藏医藏药为研究基础，传承其独特的医疗技术和医药文化，其设置的专业直接满足当地藏民族治病救人的需求。内蒙古科技大学因包头市盛产稀土，江西理工大学因赣州市盛产稀土，因而这两个大学分别成立稀土学院，就地取材以当地丰富的稀土资源为研究对象，服务经济社会发展和人才需求。青海地区畜牧业发达，因而青海省相关大学设置兽医、畜牧、草原草场生态、饲料等专业，这些专业设置与其他地区经济社会发展关联性不是很大，直接为地方经济服务，随地方和社会人才需求起舞，因而人才培养与社会需求呈现明显正相关性。

2. 正相关性。从地方经济发展来看，装备制造业无疑是各省的支持产业，该制造业系统仍是有差别的，我们发现，山西高校的制造业人才培养偏向煤炭机械，江苏高校偏向船舶制造，各地满足人才需求与地方经济产业发展密不可分，是一种正相关关系。就某一个省份内部，不同高校装备制造业专业侧重也是不一样的，以河南省高校专业为例，我们发现，作为粮食大省，有河南工业大学（其前身为河南粮食学院），承担粮食制造和加工；作为煤炭大省，有河南理工大学（其前身为焦作矿院），主要承担煤炭机械研发；作为轻工生产大省，有郑州轻工学院承担食品产业生产；作为纺织大省，有中原工学院（其前身为河南纺织学院），承担纺织机械与生产。不难看出，不同省份和同一省份内，专业设置满足地方和社会人才需要上都离不开地方特色和经济特点，高校人才培养与社会需求呈现正相关性。

再如，辽宁省作为传统的重工业基地，与工科相关的本科院校近10所，也呈现产业对接上的密集和细化，其省内相关的高职高专院校也呈现此种特点，吻合辽宁省作为传统老工业基地发展的特点，产业与高校专业配置上相关性也较为明显。

3.弱相关性。就吉林市而言，该市内北华大学在专业设置上主要为电气、林学和信息等专业，而吉林市产业主要是化工和汽车主打的重工业，高校人才培养与地方、社会人才需求匹配上不太吻合，我们称为弱相关性。就某些教育部直属的全国名校而言，辐射全国高端人才供给，与所在地方和辖区社会也呈现弱相关性。

上述高校专业与社会人才需求上明显正相关性、正相关性和弱相关性的分析和对比，一般而言，正相关性是常态，因而，基本能够印证高职或高校人才培养与社会需求驱动关联性是客观事实。

（二）高校招生规模和省内招生比例

在招生规模上，无论一般本专科院校还是985、211高校，其对所在地域考生投放的招生名额会在数量上绝对多于其他省市的名额。以表1湖北省高校某年招生为例。

表 1 湖北省高校某年招生名额

名额 大学	本省（市）招生 名额	外省（市）招生 名额	本省（市）占总 招生比例
华中科技大学	2430 名	4426 名	35.4%
武汉理工大学	2720 名	6048 名	44.8%
武汉科技大学	3179 名	5540 名	57.4%
湖北工业大学	2616 名	944 名	73.5%
武汉工程学院	2684 名	1120 名	70.56%
武昌理工学院	1751 名	483 名	78.4%

湖北省是985、211相对集中的省份，从表1省内招生规模与招生比例看，即使是部属院校也对所属地域招生有很大倾向性。可从表1看出：（一）本省高校招收本省辖区学生名额占绝对数量，且沿着"985高校—211高校—普通本科院校"路径对省内招生比例依次升高，这种特点表明高校以为地方培养人才为出发点和依归；（二）高校对所在地招生名额与其他省份招收名额差异明显。如作为部属院校的华中科技大学在湖北同比是其他相同人口省份5.3倍左右；再如，上述湖北省属高校招生名额同比是其他相同人口省份招生的10～12倍。这种招生差异在其他省份同样存在甚至更高，我们在数据收集过程中能充分证明这一规定性。各地招生政策说明了高校在为所属地的人才输送、培养和储备上的紧密关联性。

（三）高校学生就业去向

在上海，复旦大学从2001年到2010年10年来，留沪就业毕业生人数比例一直保持在80%以上，并一度蹿升至2006年的90.62%高点。北京高校毕业的学生，通常会留守北京或到其他大城市生活和工作。在大城市工作的意愿，通过调查也在悄悄发生变化，大城市的就业压力、住房压力和生活成本逼迫着一部分大学毕业改变了就业方向，选择到竞争小的城市发展是近年来的趋向。在就业去向上，发达地区学生基本留守原地，经济落后地区学生往往会向发达地区流动，经济发达地区对于人才的吸引力远大于落后地区；还有一个心理学原因，大学毕业生往往喜欢留守在自己大学所在的城市，因为这里是熟人社会，能够获得更多自信和了解。通过该分析，除了经济发达城市的吸引力外，大学毕业生在毕业所在城市工作和生活的比例比较高，这也暗合了高校人才培养与社会需求之间的关联性和驱动力。

（四）高校专业设置与区域经济发展和社会需求驱动的关联性

我国普通本科和985、211高校都是公立院校，相同地域内设立学科和专业都受制于地方教委的统筹。高职、普通本科和985、211高校所承载的社会服务功能不同，不同层级的高校在学科和专业上可能存有交叉，但研究优势和方向上不可能完全相同。上述河南省的院校设置上已经表明"河南工业大学—食品产业""河南理工大学—煤炭机械与化工""中原工学院—纺织服装业""河南科技大学—农业大型机械"校地之间合作上紧密的关联关系，即使不同高校间相同的专业配置有交叉和重叠，但研究方向上也会不同。下面以表2辽宁省的工业高校为例。

表2 辽宁省工业高校专业设置与区域经济发展的关联性

大学\特色	主要专业设置	专业优势	地域	对经济贡献方向
沈阳理工大学	机械设计制造及其自动化、工业工程、机械电子工程	兵工产品为主要研发	沈阳市	国防工业及机械制造业
辽宁工程技术大学	矿山灾害治理、安全工程、测绘科学与工程、计算机集成制造系统、机械制造	矿物质能源、核物理能源、大气环流能源、地理性能源的开发与利用	阜新市	能源与矿产业
沈阳工业大学	电机与电器学科、机械工程	东北老工业基地振兴和装备制造业	沈阳市	装备制造业
大连工业大学	纺织、印染、人造纤维、化工、酿造	发酵工程、制浆造纸工程、纺织工程	大连市	食品加工和轻纺业
辽宁工业大学	机械设计制造及其自动化专业、机械电子工程专业、过程装备与控制工程专业、工业工程专业	机械制造、汽车工程、电气工程	锦州市	基础设备制造
辽宁科技大学	机械设计及理论、钢铁冶金、控制理论与控制工程	钢铁冶金、炼焦化学、耐火材料	鞍山市	钢铁产业
辽宁科技学院	冶金工程、采矿工程、测绘工程、土木工程、机械设计制造及其自动化（冶金机械方向）	冶金、机械等材料加工和装备制造业	本溪市	矿产业和冶金机械制造
沈阳工程学院	热能动力工程、电气工程、农业电气化及其自动化	发电、供电技术	沈阳市	发电厂（包括核能）及工矿企业从事热能动力工程工业

表2以辽宁省高校为例但未纳入教育部直属985、211高校，如大连理工大学。辽宁省是老工业区，围绕工业建设的高校也比较

多，各高校人才培养从不同方向满足社会需求。表2能够清晰地展现各高校的优势学科和专业方向，对接地方和社会人才需求，如沈阳工业大学优势学科——电机与电器。就专业设置上，各省市内工科高校专业设置不可能做到完全不重叠，近年来高职院校的专业设置竞相攀比，存在叠床架屋之嫌，若地方教育行政主管部门从社会人才需求驱动上做些调研，从人才培养的层级上做些区分或许能够减少这种专业设置上的"内耗"，为地方经济社会发展增添活力。

（五）高校毕业生所学专业与就业工作间的关联性

在专业与就业关联性上，985高校本科毕业生的"工作与所学专业相关率"最高达73%，而在专科毕业生中，这一指数最低，为62%。该研究表明毕业院校越好，学历层级越高，所学专业在现实工作实践中发生改变的概率就相对小，而学历低的或者较差的高校毕业生与所学的专业在就业上关联度就不是很高。笔者调研了重庆几所高职院校就业办提供的数据，不难发现，高职毕业生多以工科专业为主，机械、电子、信息、汽车、建筑等专业相对稳定，一般所学专业从事相应的就业；而文科性的高职毕业生就业变动性比较大，比如，营销、酒店管理等专业，工作变动频繁，而会计等专业相对稳定，基本从事财会方面工作。我国高校本省市招生规模上绝对高于其他省市，就为本地高校为地方经济服务和人才培养方向上设置相关专业提供了基本依据。

二、重庆暨两江新区高职人才培养与社会需求驱动满足区域经济发展

（一）重庆暨两江新区工业发展态势与支柱产业

重庆地处长江上游经济带的核心地区，是全国6个老工业基地之一，是中央政府西部大开发中的重点开发区，也是西部唯一集水陆空运输为一体的交通枢纽。

目前，重庆市主要有以下六大支柱产业。

汽车摩托车产业和装备制造业。汽车和摩托车是重庆山城的传统产业，已经形成产业集群，并一直发挥着集群竞争力；重庆作为装备制造业基地，除整机生产外相应的配套产业初具规模，继续打造为汽车名城、摩托车都市和国家现代装备制造业重要产业基地。

电子信息产业。重庆近几年来信息产业作为战略性新兴产业得到快速发展，国内最具规模的笔记本电脑生产基地、最大离岸数据研发和处理中心已基本建成。

化工产业和材料产业。在天然气石油化工和材料产业上进行原材料深加工产业链建设，建成优化配置的资源竞争优势的化工基地、铝工业基地和精品钢材基地，产值突破5000亿元。

劳动密集型产业。在家具家电、农产品、纸业、印刷、纺织、服装、鞋业、建材等产业方面，能吸纳大量的劳动密集型的就业人才，能实现巨大的产值。

重庆工业的发展可从上述六大支柱产业得到较为全面的反映。如目前重庆有24家整车生产企业，同时辅有600多家零部

件配套企业，总辆数仅次于上海汽车产业，位居国内汽车领先地位。电子信息等新兴产业，对于重庆工业增值贡献率最为突出，成为稳定的支柱力量，未来可能成为推动超越传统汽车、装备制造业而成为第一产业。

（二）重庆高校人才培养满足区域经济发展人才需求

目前，重庆市涉及传统优势产业及正在成为经济发展引擎的电子信息产业的相关高校，主要是表3中的几所高校。

表 3 重庆高校专业设置与区域经济发展的关联性

特色 大学	主要专业设置	专业优势	地域	对经济贡献方向
重庆理工大学			重庆市	坚持以产学研为特色，以理论研究和应用研究为主，突出为兵工和地方汽车产业服务
重庆大学	机械设计制造及其自动化专业、车辆工程专业、机械电子工程专业、工业工程专业 计算机科学与技术专业、网络工程专业、信息安全专业	机械设计及制造、工程机械方向培养具有进行各种产业机械、工程机械、装载车辆的设计制造、设备开发创新和自动控制能力的高级技术人才	重庆市	汽车、摩托车的设计、制造、销售、科研、质检、管理及教育等企业和设计研究所的相关研发工作
重庆科技学院	石油工程、油气储运工程、资源勘查工程、钻井技术、油气开采技术、冶金工程、机械设计制作及其自动化、机械设备维修与管理	依托石油、冶金行业，培养理论基础扎实、实践能力强、有创新精神的应用型高级专门人才	重庆市	为石油企业、钢铁企业输送人才

续表

大学 ＼ 特色	主要专业设置	专业优势	地域	对经济贡献方向
重庆电子工程职业技术学院	通信技术、计算机通信（移动通信、交换网络、光纤通信、宽带数据通信、通信客户服务）、微电子技术、电子信息工程技术、应用电子技术、光电制造技术、电子声像技术	电子整机制造、电子产品营销、维护、信息化推广、版图、FPGA、SMT、IC测试助理工程师	重庆市	以电子信息为特色，培养先进制造业、现代服务业等领域一线需要的高素质技能型人才
重庆工业职业技术学院	模具设计与制造、机械设计与制造、数控技术、计算机辅助设计与制造、数控设备应用与维护、机电设备维修与管理、工业设计、汽车检测与维修技术、汽车电子技术、焊接技术与自动化、材料成型与控制技术、汽车整形技术、工程机械运用与维护、汽车技术服务与营销、计算机应用技术	学院建设成为以装备制造、汽车摩托车、电子信息、现代服务业等为主要特色的全国高端技能型人才培养基地和具有一定国际影响、中国高职特色鲜明的全国一流示范高职院校	重庆市	立足重庆，辐射西部，面向全国，培养以先进制造业和现代服务业为主，生产建设一线急需的高端技能型人才

表3表明，重庆大学对于工业的侧重在于汽摩产业和机械制造业的设计与研发，理工大学既有理论研究又有应用技术培养，科技学院则主要针对石油和冶金产业，电子工程职院侧重于电子信息产业，工业职业技术学院重点培养汽车摩托车、装备制造业人才。上述高校专业设置基本雷同，但在教学重点和人才培养方向上仍存有差异，不同层级的高校共同为重庆工业发展做出不同的贡献。

重庆高职院校与重庆大学在工业人才培养上完全不在同一层级，重庆大学培养理论研究型人才，高职院校培养实践应用型人才，二者是"源与流"的关系，人才培养交汇与重叠部分少。

重庆高职院校与科技学院（应用技术本科）培养人才方向也不同，科技学院特色是石油和冶金行业的专业技能型人才培养，这方面人才培养目前不同于高职院校发展方向。如科技学院在机械制造业上可能与高职院校人才培养上存有交集，但重庆工业职业技术学院等高职院校以机械制造业（前身是重庆机制校）为主打专业并有几十年的发展历史，优势非常明显，且偏向装备制造业不同于科技学院的石油和冶金机械制造业。

重庆高职院校与重庆理工大学应用技术人才培养方面在汽摩产业和装备制造业有重叠部分，但高职院校多年来已经形成了培养一线制造业高端技能型人才为立校之本，以及几十年的校企合作和校地合作的经验，让学生在校期间从事实践性锻炼即在企业顶岗实习成为常态，甚至作为学分课时量来对学生加以考核，学生来校学习期间就业定位也很清晰，毕业后很快能够投入企业工作当中去，若企业能够给予相应的回报，应该能把所需的人才留住。

重庆高职院校同层级院校及专业间也存有交集，如重庆工业职业技术学院与电子工程职业学院在电子信息产业上交集明显，都为电子设备制造和加工，前者以机械制造业为主打学科建设，电子信息专业只是其中一个学科或者专业，后者则以电子信息各个专业作为系统工程学科来研发，二者侧重点不一样。即使二者在专业和人才培养层次上有些交叉和重叠，但近年来笔记本电脑的产业链已经成为重庆经济发展的重要力量，以惠普、宏碁和富士康、英业达、广达为龙头的1亿台笔记本电脑生产基地落户重庆，必将为促进高职院校的学生就业和学校发展带来前所未有的机遇，从而使得现实的专业和人才培养层次重叠这一矛盾暂时泯灭于快速发展的电子信息产业当中。而电子信息工业快速发展也使得重庆急需各层级电子信息方面的人才支持。一个地区内，不同高职培养应用型即使人才上虽然存有交集，但一定程度上也能促进校际间的专业竞争，这对企业人才需求上是利好，也间接促进学校学科发展。

（三）重庆高职院校人才培养受两江新区人才的社会需求驱动

重庆两江新区作为国家级新区成立五年多以来，六大支柱产业在该新区快速发展有明显的体现。汽车产业上，上汽通用整车、小康菲亚特发动机等项目已经进入动工建设阶段，长安汽车和发动机等项目已经竣工投产。电子信息产业上，大量的国外笔电项目竣工投产。高端装备产业，瑞士和美国直升机项目相继引进。现代服务业，重庆成为国家现代生产性服务业试点，一大批国外一流的物流项目签约成功。

"高职院校的专业应围绕本地区产业、企业发展需要来设置和调整，专业既是学校进行教育的基本载体，又是社会需求的反映，是社会需求和学校实际教学工作的结合点。"笔者到两江新区人力资源管理中心调研发现，虽然两江新区成立五年多以来，入住了上述这么多企业，多层次的人才都需求，但高职人才需求量会更多，从事生产一线的高技能技术人才稀缺，汽车、摩托车、装备制造业、化工、电子信息等专业都需要大量的高职人才。诚如学者所言："高等职业教育作为高等教育发展中的一个类型，肩负着培养面向生产、建设、服务和管理第一线需要的高技能人才的使命。"①因而，社会需求就是高职人才培养的风向标，而该需求往往表现为当地区域经济发展的人才需求，培养第一线企业所需的高技能人才自然成为高校的使命和高职教育的功能和担当。

重庆有工业高职、电子工程高职、化工高职、软件学院、工程高职等高职院校，每年培养数万名重庆及两江新区所需的人才，高校与地方经济发展关联性分析，我们发现重庆高职在学校设置、专业配置上明显与重庆地方经济发展基本上相吻合。但重庆专家根据数据分析，纵向上"本科生和专科生所占比重稳步上升，而硕士生比重从 2006 年以后基本稳定，中专生数量急剧下降。从而导致相对高学历的人从事低学历的工作，造成人才的浪费，而真正的高端技术型人才（硕士以上）又严重缺乏"②；横向上"应适当增加工学、理学等偏理学科的比重，相对降低经济学、文学等偏文学科的比重……这容易造成结构性失业、人才结构性失调，这既不利于经济的发展，也不利于社会的稳定。"③这种从纵向和横向上对重庆人才布局和需求有一定的顾虑，在高职人才培养适应区域经济发展上，仍有待进一步深入研究，但目前这些现有的重庆高职院校的有序发展必将为重庆区域经济发展带

---

① 教育部关于全面提高高等职业教育教学质量的若干意见 [EB/OL]. 中华人民共和国教育部网站，2006-11-16.

② 易忠，韩树林. 两江新区人才需求与重庆高级人才培养模式分析 [J]. 重庆工商大学学报，2012，（4）:159.

③ 易忠，韩树林. 两江新区人才需求与重庆高校人才培养模式分析 [J]. 重庆工商大学学报，2012，（4）:160.

来重要人才支持。

两江新区经济建设虽然对高职院校人才需求量巨大，但本科院校重庆大学、重庆理工大学、重庆交通大学、重庆科技学院等院校，其设置的机电、机械、汽车、模具、自动化、电子和材料等专业同样能满足两江新区在研发、设计和应用技术领域的人才需求，与重庆高职院校一道服务区域经济社会发展，二者相互促进协调发展。

三、小结

如今的高职学校，已经不再纯粹地追求学术研究，高校知识应该运用和服务于现实社会实践。国内研究型大学、应用型大学和高职院校都秉承着为经济社会服务的理念，我国大多院校在行政关系上隶属地方，这使得高职院校人才适应区域经济社会发展成为可能，社会人才需求也在驱动高职人才培养的发展。重庆作为传统的工业城市，特别是两江新区的发展成为重庆经济发展引擎，辖区内人才需求与供给均衡，满足企业社会发展要求，促进大重庆经济社会发展。重庆暨两江新区人才社会需求驱动重庆高职人才培养和专业设置，反之亦然。

高职院校学生"工匠精神"培养的思考与探索 [①]

2017年10月，习近平总书记在中国共产党第十九次全国代表大会上的报告中指出："建设知识型、技能型、创新型劳动者大军，弘扬劳模精神和工匠精神，营造劳动光荣的社会风尚和精益求精的敬业风气。"这是继2016年3月李克强总理首次在政府工作报告中提出"工匠精神"后，再一次引发了社会对"工匠精神"的关注和热议。当前中国正在从制造业大国迈向制造业强国，实现这个目标需要无数"工匠"的辛勤付出和无私奉献，时代呼吁广大劳动者激发出"工匠精神"。高职院校学生就业大多面向各类企业，他们是未来建设制造业强国的中坚力量，培养他们传承"工匠精神"，养成勤奋、专注、执着、精益求精的职业素质是高等职业教育肩负的时代重任。

---

① 作者简介：吕岚，陕西铁路工程职业技术学院。

一、"工匠精神"的内涵及其时代价值

"工匠精神"的基本内涵包括敬业、精益、专注、创新等。敬业是从业者对职业的敬畏和热爱从而产生全身心投入、尽职尽责的职业精神状态。中华民族历来有"执事敬""忠于职守"的传统美德，也是当今社会主义核心价值观的基本要求之一。精益是从业者对每件产品、每道工序都精益求精、追求极致的职业品质。老子言，"天下大事，必作于细"。专注就是内心笃定而着眼于细节的耐心，几十年如一日的坚持与韧性，这是一切"大国工匠"所必须具备的精神特质。古代工匠大多穷其一生只专注于做一件事，《庄子》中记载的游刃有余的"庖丁解牛"等大抵如此。"工匠精神"强调执着、坚持、专注，但绝不等同于因循守旧、拘泥一格，具有追求突破、追求革新的创新内蕴。古往今来，热衷于创新和发明的工匠们一直是世界科技进步的重要推动力量。

在我国，"工匠精神"源远流长，既有中华传统文化的深厚根源，也有丰富的时代价值。习近平总书记曾指出："广大劳动群众要立足本职岗位诚实劳动。无论从事什么劳动，都要干一行、爱一行、钻一行。在工厂车间，就要弘扬'工匠精神'，精心打磨每一个零部件，生产优质的产品。在田间地头，就要精心耕作，努力赢得丰收。在商场店铺，就要笑迎天下客，童叟无欺，提供优质的服务。只要踏实劳动、勤勉劳动，在平凡岗位上也能干出不平凡的业绩。"①"工匠精神"能唤醒民众注重从小事做

---

① 王庭之.后现代主义课程观视野下职教课程开发新理念[J].中国职业技术教育，2011(18):64-69.

起，形成讲实效、做实事、务实的社会氛围。因此，在当今这样一个追求效率的时代，"工匠精神"在现在的社会中也有重要的价值。"工匠精神"是制造业的灵魂。历史经验表明，当今世界工业制造强国的形成与他们对"工匠精神"的重视密切相关。"中国制造2025"战略计划的实现，关键在于从根本上提升中国制造产品的质量，这很大程度上取决于能否培育形成精益求精、追求完美极致的"工匠精神"。"工匠精神"有助于促进创新的良性循环。以科技创新、技术进步为己任的企业，是民族振兴的主力，是创造财富的源泉。"工匠精神"体现在企业就是把创新当作使命，追求科技创新、技术进步，使企业、产品拥有竞争力。这就需要企业不断增强创新的力量，从而创造出最新的科技成果，从创新中寻找新的商业机会，在获得创新红利之后，继续投入、促进创新，形成良性循环。"工匠精神"有助于工作主体的自我价值实现。既能给社会提供更加精细的产品和服务，也使从业者从中获得职业满足感，实现自我价值。其本质是对人的价值的认同与尊重，形成良好的社会风尚。

二、高职学生"工匠精神"培养面临的困境

（一）"工匠精神"的认同度不高

目前，一些高职院校在人才培养方案制订、专业课程建设、师资队伍培养等方面，存在重知识、轻技能的情况，对"工匠精神"更多是喊口号，没有把"工匠精神"的教育融入贯穿到高职人才培养中，也没有营造"工匠精神"的校园文化。高职学生就

业倾向工作条件好、劳动强度低的岗位，不愿从基层小事做起，牢骚抱怨多，实干苦干少；同时，高职院校学生的职业上升空间和职业发展受学历等的限制，造成高职院校学生"工匠精神"培养的现实困境。

在现今社会，劳动分贵贱的思想仍然根深蒂固，传统的"士农工商""劳心者治人，劳力者治于人"的职业偏见难以消除，造成人们对技术技能型人才歧视的现象仍比较普遍。随着市场经济的发展，投机取巧、唯利是图和拜金主义等社会不良风气都在影响人们的世界观、人生观和价值观。在这样一个喧嚣、浮躁的社会，人们心无旁骛地钻研技术技能绝非易事，"工匠精神"受到前所未有的冲击。

（二）工匠精神培养的系统性不强

高职院校"工匠精神"的培养涉及学管、教学、行政等各部门，是一项系统工程。高职教育对"工匠精神"文化和素质方面的培养以及其与知识技能的融合仍存在较大不足，在培养策略和方法上也亟须完善，缺乏一套科学、完整的培养系统。

（三）工匠精神培养的师资力量薄弱

一些高职院校普遍存在教师的技术技能教学和实操水平薄弱的情况。高职教师大多毕业于高校，缺乏必要的技术技能实操经验，而许多能工巧匠又因为学历不高而被挡在高职院校之外，行业里有经验的人做兼职教师流动性大，对学生实践能力的提高有一定的负面影响。另外，在师资培训方面，主要是培训"双师型"教师队伍或者选派教师到企业参加下现场实践。由于培训中涉及技术技能的实操较少，加之培训时间不长，效果并不理想。

三、高职学生"工匠精神"培养途径探索

（一）深化校企合作

学校和企业多种途径深化校企合作。如校企共建人才培养方案和建立实训室等，聘任企业高级技师等技术人才担任学校的兼职教师或实训教师，提高学生的技能水平；学校根据企业和专业、岗位和技能的要求，指派专任教师去企业下现场锻炼，掌握第一线的生产工艺和技能；根据用人单位需求，设立"现代学徒制"班级或订单班，培养企业需要的高技术技能人才；以行业、企业对技术技能人才需求为导向，开发职业技术类培训课程资源库，推进优质培训资源跨区域、跨行业共建共享，为行业企业提供多层次、多类型、立足岗位需求的技术技能教育培训服务和学历继续教育。实现产教融合、校企合作、工学结合，是我国培养具备工匠精神的"大国工匠"职业人才，由"中国制造"向"中国质造"升级，提升中国制造国际美誉度和竞争力的必经之路。

（二）建立校园文化

高职校园文化氛围是培育工匠精神的土壤。工匠精神需要渗透到校园的每个角落，植入每位学生的心中，内化为他们共同的价值追求，形成浓郁的文化氛围，才能起到明显的教育实效。它需要从思想上引领、制度上约束、行为上规范、环境中熏陶，形成多层次、全方位培育，促进学生树立坚定的职业理想，养成良好的职业习惯，为将来步入工作岗位后成为一名出色工匠，打下坚实的职业素养基础。

（三）提高师资水平

培养学生"工匠精神"，提高师资水平，核心是教师具备全面的专业知识、精湛的专业技能、高尚的职业素养，才能在教学中潜移默化地影响学生，为学生"传道授业解惑"，培养学生的"工匠精神"。为此，高职院校除了加强本校专职教师全方位的培训之外，也应该从校外大型企业聘请能工巧匠，将校外聘请教师所在的企业与学校无缝对接，从学校的课程设置到教学方式，从实践实习到教师指导，全面培育"工匠精神"。

四、培养高职学生"工匠精神"实践探索

陕西铁路工程职业技术学院（以下简称"陕铁院"）作为国家骨干示范高职院校、教育部第二批现代学徒制试点单位，多年来，着力培养"下得去、留得住、用得上、干得好"的技术技能人才，对高职教育培育"工匠精神"的策略和途径积累了一定经验，形成了相对系统的认识。

（一）秉承"德修身、技立业"校训，培育"工匠精神"品质

陕铁院践行"立德树人、以德为先"古训，使其成为学生的内在精神品质和行为指南。每一位新入学的陕铁院学生，第一次步入的不是教室，也不是操场，而是以校史教育、校情教育、专业教育等为主题的教育活动室。让学生领悟"能吃苦、能战斗、能奉献"的铁军精神，培育学生"苦得、累得、饿得、忍得"的"四得"品质。学院通过狠抓军训、专业教育和认识实习"三部

曲"，使学生"零距离"接受铁路文化和校园文化的熏陶。"立德树人"校园文化建设也得到了同行专家和兄弟院校的充分肯定，学院连续六年获得陕西省校园文化建设优秀成果一等奖，两次荣获全国优秀奖。

（二）搭建校企合作平台，拓宽"工匠精神"培养渠道

陕铁院和多家企业深入校企合作，中国中铁、中国铁建、各铁路局都为学子们提供了实习、工作的各项机会。学院先后与中铁二十局三公司、中国铁建重工集团、中铁北京工程局一公司、中铁一局城轨公司、中建八局轨道公司等10多家用人单位组建现代学徒制试点班130余个，培养学生6000余人。学生通过实习了解自己将来面临的工作环境和工作单位，在顶岗实习期间，校内指导老师通过习讯云平台对在外实习的学生工作进行实时监控，学生可以通过习讯云平台和老师无缝沟通。校外指导老师是学生在实习单位的师傅，在实习期结束后对顶岗实习的学生打分并做出评价。学院要求老师每五年之内至少有半年时间下现场锻炼，教师在企业一线学到了真功夫，提高了培养具有"工匠精神"学生的能力。

（三）建设校园文化，营造"工匠精神"文化氛围

作为铁路类高职院校，陕铁院始终致力于为国家铁路行业培养具有工匠精神的高素质技术技能人才。学院启动"工匠精神"四进主题系列活动，从进校园、进课堂、进教材、进社团四个方面，不断深化"工匠精神"在大学生中的熏陶教育，引导学子们秉承精益求精的精神理念，争做工匠精神的传承者、实践者和创新者。定期邀请全国劳模窦铁成来学院做"工匠精神"主题报告

会，成立铁成学院，组建铁成班，建设窦铁成事迹展览馆。学院还成立了十九大代表、全国劳模白芝勇技能大师工作室，全国技术能手叱培洲技能大师工作室，学院先后有段军勇、梁卫团、贺琪等7位校友入选陕西高校大学毕业生建功立业先进事迹报告团，这些劳模、技术能手等与大学生的面对面交流，激励了在校学生传承和弘扬"工匠精神"。学院每年开展技能大赛，评选校园青春榜样，选拔刻苦钻研技术技能的先进典型，有力推动了"工匠精神"在校园内的落地生根和在学生中的入脑入心。

（四）提高教师素质，锻造"工匠精神"培养能力

陕铁院在"工匠精神"培养中把职业素质的培养同技能培养一并纳入人才培养方案，改革思政教育体系和专业课程体系，加强学生对思政教育知识的接受力，使其在"工匠精神"与思政融合时发挥更加全面的作用。开展专业课程融入思政教学的教学竞赛及教改项目提高教师综合素质。为教师提供各种培训、交流、参观、学习的机会，选拔双师素质、骨干教师、教坛新秀等。加强国内外交流，选派教师远赴德国、澳大利亚、俄罗斯、韩国、新加坡等国家学习，选派专业课教师赴肯尼亚进行蒙内铁路非洲员工的工务、电务、乘运的培训，提高了教师综合素质。

五、结束语

专业素质强、综合素质高，具备"工匠精神"的优秀技术技能人才的现实价值越来越凸显。高职院校在人才培养的过程中，应该重点培育学生学习专业知识和技术技能，将"工匠精神"

内化到学校人才培养的理念当中，这将极大地利于学生毕业后适应当代社会经济发展的要求，更好地服务于用人单位和国家战略。

辅导员视角下高职院校学生问题探讨 [①]

　　高职学生是指在高等职业院校就读的学生。高职学生与普通高校学生有共同性，也有其不同之处。共性之处在于都处于人生青年时期，都亟须建构自身正确的世界观、人生观、价值观；不同之处在于，高职学生在就读期间会面临一些自身特有的问题。为解决高职学生问题找到路径，进行问题根源性探讨是很有必要的，是事半功倍的工作，值得深入研究。

一、高职学生问题根源性探讨

　　要探讨高职学生的问题，则必须首先探讨存在问题的学生本身。这就涉及何为问题学生、学生为何有问题这一根源性问题。由此我们先得弄清楚学生的问题是如何存在、如何产生的。高职学生一定存在问题吗？我认为是肯定的。也就是说所有的高

---

　　① 作者简介：杨清荧，重庆工业职业技术学院。

职学生都存在问题，这是高职学生的共性。具体问题的不同则是高职学生的个性。完全没有问题的学生是不存在的，完全没有问题的高职学生是不存在的。每个高职学生都带着自身问题进入高职院校学习生活，正是其自身的问题或让其成长，或让其堕落，或让其学有所成，或让其虚度光阴。也正是因其问题的存在，高职学生对自身问题的肯定或者否定都是其成长必经的过程，而这一过程深刻地影响着高职学生的思想，影响其对自身职业教育的看法，对自身今后经济社会生活的看法。高职学生的问题根源不是在高职院校就读期间产生的，一定产生于之前的学生生活阶段。虽然高职学生之前生活阶段的问题并不必然影响其高职教育就读阶段，但这种影响具有或然性。因为每个人的人生都是连续的，因此，其问题也是连续的。从这个意义上讲，高职学生之前生活阶段的问题必然以或然的状态出现在高职教育就读阶段，这是可以肯定的。由此观点出发，解决高职学生当下的问题必然应该追溯其之前的生活阶段方是正确的途径。不知其所以由，则不知其所以往。当前的高职院校学生已经进入00后的一代，与之前90后一代有着明显的时代差异。学生个性更加突出，就更需要辅导员在处理学生问题时有问题根源意识，对症下药。

经过前面的分析，我们已经清楚了高职学生都存在问题，没有问题的高职学生是不存在的。那么接下来就遇到的问题是高职学生的问题有共性吗？是普遍存在的吗？还是某个问题仅是某一个学生自身的问题？我们的观点是高职学生有共性问题的同时也存在个性问题，这两方面的问题共同存在同一个高职学生。共性问题如压力、惰性、时时自我肯定与自我否定交织等；个性问题如个性家庭、个性经历、独有的潜意识等。分清高职学生问题属于共性问题还是个性问题是我们解决学生问题的有效条件。

二、辅导员与问题学生工作关系

辅导员是高职院校学生的教育者和管理者，直接面临高职学生问题的发现、处理和解决。因此，辅导员首先应该对与问题学生的工作关系有清楚的认识。古人把老师放在了崇高的地位，天地君亲师。作为老师和学生是何种关系？作为辅导员和学生是何种关系？我认为这两种关系是不同的。辅导员既是学生的老师，也是学生的辅导员。这是两种不同情境下的不同角色，不同角色定位必然导致不同的工作定位，不同的工作定位也必然导致不同的工作关系。师生关系是长久的、终生的，着重于仁的角度；辅导员与问题学生的关系则只限于学生就读期间，是短期的、暂时的，着重于义的角度。仁重在于慈爱、关爱、感化；义重在于辨别是非、规则、价值判断。辅导员是兼具这两种角色、两种定位的。如果辅导员只意识到普通教师与学生的师生关系，在工作中只注重仁的一面，是不利于学生问题的发现和处理的；如果辅导员仅把高职学生限定于工作关系，把学生看成自己工作的对象，一切从义的角度判断，也是片面的，不利于高职学生的培养和教育。由此我们看出，辅导员对问题学生开展工作既不能偏重仁，忽视义的判断，也不能偏重义，缺乏仁的关爱。只有在对问题学生开展工作时兼顾两者，才能让问题学生的问题得到及时、正确的处理。

三、解决学生问题路径探讨

高职学生问题存在共性问题与个性问题之分，相对应的解决路径可以有集体路径和个人路径之分。集体路径在解决高职学生共性问题方面有明显的优势，覆盖面广，全面性强，效率高，整合性强。个人路径在解决高职学生个性问题方面有明显的优势，针对性强，接受程度高，效果明显。但集体路径会掩盖问题学生的个性问题，而个人路径又会疏离共性问题。因此，解决高职学生问题只有两种路径兼顾，兼顾不等于两者不分轻重。这两种路径不存在何者为先，何者为后，只在于问题当下的情境。高职学生的问题在整个就读期间都存在，不存在终结的问题。问题永远存在，具体的问题可以解决。这就要求辅导员要保持发现学生问题、思考学生问题的意识和能力，真正做好辅导员工作。和问题学生的问题一起存在，才是能够解决学生问题的先决条件。辅导员要培养解决高职学生问题的能力非一夕之功，知之未必能行之，唯有能行之方是真知之。辅导员唯有切实在对问题学生的工作中运用综合知识发现、辨别、处理、解决学生实际问题，积点滴之功而成沧海，方可是不负辅导员这一具有双重身份定位的职业。

新形势下高职院校马克思主义理论教学的探讨[①]

习近平同志在党的十九大报告中对高等教育发展提出了明确要求:"加快一流大学和一流学科建设,实现高等教育内涵式发展。"新时代要有新作为,高等教育只有实现内涵式发展,才能为实现"两个一百年"奋斗目标、实现中华民族伟大复兴的中国梦,源源不断培养大批德才兼备的优秀人才。高职教育作为高等教育的一部分,培育出的应用型技术人才在社会主义现代化建设中发挥了极大的作用。当前高职教育改革创新不断推进,对于马克思主义理论教学的研究也势在必行。在多元文化和思想的相互碰撞下,我们更要以马克思主义的中国化为根基,以习近平新时代中国特色社会主义思想为指导,深入研究高职院校的马克思主义理论教学,并根据高职院校学生的年龄特点和知识层次,结合"互联网+"的新环境,进行马克思主义理论的普及教育、升华教育,促使高职院校学生对马克思主义理论的理解更全面、更完整、更透彻、更深入。

---

① 作者简介,杨稀琴,重庆工业职业技术学院。

一、高职院校马克思主义理论教育的重要性

党的十九大报告指出："青年兴则国家兴，青年强则国家强。青年一代有理想、有本领、有担当，国家就有前途，民族就有希望。中国梦是历史的、现实的，也是未来的；是我们这一代的，更是青年一代的。中华民族伟大复兴的中国梦终将在一代代青年的接力奋斗中变为现实。"① 这明确了青年一代是国家建设的中坚力量，是民族复兴的希望所在，肩负着光荣使命和重大责任。习近平新时代中国特色社会主义思想为青年一代的接力奋斗提出了要求、指明了方向、明确了路径。广大青年要深入学习贯彻习近平新时代中国特色社会主义思想。高职院校作为培育青年人才的一线基地，更要抓好马克思主义理论教育，特别是习近平新时代中国特色社会主义思想的普及教育、升华教育。

习近平同志在五四青年节和北京大学建校120周年校庆日同广大师生座谈时指出："青年的价值取向决定了未来整个社会的价值取向，而青年又处在价值观形成和确立的时期，抓好这一时期的价值观养成十分重要。这就像穿衣服扣扣子一样，如果第一粒扣子扣错了，剩余的扣子都会扣错。人生的扣子从一开始就要扣好。'凿井者，起于三寸之坎，以就万仞之深。'青年要从现在做起、从自己做起，使社会主义核心价值观成为自己的基本遵循，并身体力行大力将其推广到全社会去。"② 这既是对青年学生的勉励与指引，也是对高职教育工作者提出的具体要求。高职教

---

① 习近平.习近平谈治国理政（第3卷）[M].北京：外文出版社，2020：54–55.
② 习近平.习近平谈治国理政（第1卷）[M].北京：外文出版社，2018：172.

育应以此为目标，继续抓好马克思主义理论教育，特别是社会主义核心价值观教育，把高职院校的青年培育成优秀的社会主义事业建设者和接班人。

二、高职院校马克思主义理论教育的现状

根据李艳等人对南京五所高职院校马克思主义信仰教育现状调查，调查中在"你认为影响马克思主义理论教学效果的原因是什么（可多选）"的选择上，77.72%的人选择了"理论相对较脱离实际，较为枯燥，空话多，课程内容针对性、实效性差"。该研究虽然选择了南京地区的五所高职院校为调查对象，但也反映了目前的思想政治理论课的教学的普遍问题：教学内容大多为空洞枯燥的理论，教学方式不够新颖，难以引起学生学习的兴趣与热情，也难以使大学生积极主动地接触马克思主义理论。

结合我校马克思主义理论教学的实际，在教学中出现的具体问题也不容忽视。

（一）高职院校马克思主义理论教育方法无法调动学生的能动性

在高职院校学生的马克思主义思想教育过程中，多数还是沿用传统的教学模式，以抽象化、概念化的理论学习为主，在实际的教学过程当中仅是采用一种"填鸭式"教学的方法为学生提供相应的教学，这种说教性教学，很容易引起学生的反感，学生的主观能动性发挥就受到了很大的限制，加之学生的知识层次参差

不齐，文化素质相对较低，要理解抽象性、概念性、结论性极强的马克思主义理论，具有较大的难度。

（二）高职院校马克思主义理论教育缺乏一定的实践性

高职院校前阶段在进行马克思主义理论教育的过程中过度强调对学生进行具体知识的教学，而缺乏相应的实践教学。但马克思主义理论教育的根本并不是为了使学生掌握更多的具体知识，而是需要学生在掌握一定的理论知识之后，通过自己的实践行为将理论外化成一种思政教育的外在表现。而高职院校的其他学科教学中，基本已经形成了注重动手操作能力的思维模式，这就与马克思主义理论的教学中，以讲解马克思主义理论为重点、社会实践比例较少的模式相冲突，学生难以接受一板一眼的理论讲解，这也是高职院校学生接受和理解马克思主义理论的瓶颈问题，导致马克思主义理论在与学生的生活相脱节，难以激发学生的理论学习兴趣。

（三）高职院校马克思主义理论教育缺乏一定的发展性

马克思主义是不断观察时代、解读时代、引领时代的理论，我们也正积极地用鲜活丰富的当代中国实践来推动马克思主义发展，不断开辟当代中国马克思主义、21世纪马克思主义新境界。但从我国大部分的高职院校思政教育现状来看，许多高职院校马克思主义理论教育仍然是传统的教学内容，不注重最新的理论成果，没有强调学生运用马克思主义分析和解决实际问题的能力，没有强调坚持和运用马克思主义立场、观点、方法，去认识人的解放和自由全面发展的规律，从而导致了学生的马克思主义理论教育缺乏一定的发展性，与时代发展之间的结合不够紧密，存在脱节现象。这也解释了为何在"你认为大学生学习马克思主义有必要吗"的选择上，6.33%的人选择了"完全没必要，马克思主义对日后的工作、生活起到的作用不大"，4.38%选择了"不知道，因为对马克思主义相关方面不感兴趣，觉得可有可无"。

三、把握马克思主义理论教学重点，探索理论教育的创新途径

（一）高职院校马克思主义理论教育的重点

1.夯实理论基础

马克思主义是科学的理论，创造性地揭示了人类社会发展规律；是人民的理论，第一次创立了人民实现自身解放的思想体系；是实践的理论，指引着人民改造世界的行动；是不断发展的开放的理论，始终站在时代前沿。这些理论是马克思主义的核心，只有让学生学懂了这些理论，才算是完成了马克思主义理论教学的基本内容，也是学生理解、运用马克思主义理论的基础。高职院校马克思主义理论教学，首先就是要夯实学生的理论基础，这个教学重点必须牢牢把握。

2.注重理论创新

理论的生命力在于不断创新，在纪念马克思诞辰200周年大会上，习近平总书记指出，"我们要坚持用马克思主义观察时代、解读时代、引领时代，用鲜活丰富的当代中国实践来推动马克思主义发展""不断开辟当代中国马克思主义、21世纪马克思主义新境界"[①]，阐明了对待马克思主义理论的科学态度，为新时代背

---

① 习近平.在纪念马克思诞辰200周年大会上的讲话[M].北京：人民出版社，2018：27.

景下学习和实践马克思主义提供了清晰的指引，为继续推进马克思主义中国化、时代化、大众化注入了巨大动力，同时也要求我们在高职院校马克思主义理论教学过程中要注重马克思主义的理论创新。

3.强调方法运用

对待科学的理论必须有科学的态度。"马克思的整个世界观不是教义，而是方法。"① 新形势下学习和实践马克思主义，必须坚持和运用辩证唯物主义和历史唯物主义的世界观和方法论，坚持和运用马克思主义立场、观点、方法，坚持和运用马克思主义关于世界的物质性及其发展规律，关于人类社会发展的自然性、历史性及其相关规律，关于人的解放和自由全面发展的规律，关于认识的本质及其发展规律等原理，坚持和运用马克思主义的实践观、群众观、阶级观、发展观、矛盾观，真正把马克思主义这个看家本领学精悟透用好。在教学过程中要始终强调这个方法论，把马克思主义理论融入现实生活的实际问题中，以马克思主义方法论为指导，对社会现实中的问题进行分析和理解，恰当引入对比性的理论知识，帮助学生在理论与社会生活实际的对比中，不断提高。尤其在当前就业导向和市场导向的高职院校人才培养目标下，高职院校培养人才要是社会主义的建设者和接班人，并且要将学生所学技能与新时代经济社会发展需求相融合，就需要将马克思主义理论与当前社会的焦点、热点相结合，用科学的发展的理论与实践的关联性比较，探索新时期社会现实问题

① 中共中央文献研究室.习近平关于社会主义文化建设论述摘编[M].北京：中央文献出版社，2017：79.

的答案。

（二）高职院校马克思主义理论教学的新途径

1.转变教育主体观念

高职教育中，多数学科都是以学生本位的教学，都是以学生的未来社会成长为立足点和根本点，而在马克思主义理论教学中，我们也可从转变传统的老师授课学生被动接受的教学模式，从社会实际需要出发，将马克思主义理论教育与学生的多样化需求相统一，培养学生在政治理论学习中的人文精神内涵，促进学生多维化发展。同时，我们还需要对马克思主义理论在新时期下的历史使命，进行全新的审视和完善，要引导学生主动学习马克思主义理论的积极性，使学生摆脱思想的禁锢，不断延伸和拓展想象的思维空间。张扬年轻人的个性，增强自身对于是非的辨别能力，从而增强学生的主观思维，提升自己对马克思主义理论的认知，全面理解马克思主义理论的应有之义。

2.丰富教学场景

传统的马克思主义理论教学往往是在教室内完成，只注重理论知识的泛泛讲授，降低了马克思主义理论教学的趣味性和实践指导性。首先，在新形势下，马克思主义理论教学可以拓展并丰富教学场景，将固化的室内教学延伸到红色革命基地、图书馆、博物馆、展览厅等，以更加生动、形象的方式让学生直观地感受马克思主义。其次，还可以改变传统的"大锅饭""填鸭式"教学，可以设置不同主题内容的课内外学习小组，如邓小平理论探讨小组、"三个代表"理论小组、中国梦理论学习小组、习近平新时代中国特色社会主义思想学习小组等当代中国马克思主义理论学习小组，学生可以通过调研、资料整理、小组讨论、撰写报告、专题汇报等形式，在参与和实践中提升对理论学习的理解和运用能力。最后，还可以将学生引入广阔的社会实践，参加生产生活课题的调研、"三下乡"社会实践等志愿活动等，加深对马克思主义相关理论理解和运用。

3. 推广新兴教学手段

在当前社会信息网络传播呈现爆发式增长的态势下，高职院校学生的马克思主义教育要进行贴近现实的、时效性的传播和学习，在微信、微视频日益火爆的今天，学生的注意力将更多地放在新兴媒体上。在教学中，教师要充分借用新兴媒体的手段，如视频录制、答题挑战、微信推送等更加灵活、新颖且贴近学生生活、广受学生喜欢的方式增加学生的参与度；也可以借用慕课、在线精品课程等网络课程，拓展教学资源。采用新型教学手段，构建书本与网络、线上与线下相结合的教学模式，全方位拓展高职院校马克思主义理论教学的渠道，加强课堂吸引力，从而提升教学效果。

4. 创新成绩评定方法

在高职院校马克思主义理论教学的成绩评定方面，传统的做法都是试卷考试或考查，这种考试增加了学生对理论学习的压力与恐惧，更多的是考查了学生的记忆力，在考查学生对马克思主义理论的理解与掌握方面显得十分局限。在教学模式上可以有课堂分组讨论、故事教学法、案例教学法、辩论法、情境教学法等多种手段。在学生成绩评定方面也可大胆尝试，从传统的试卷成绩向多种评定方式结合转变，可以是运用马克思主义理论对一个问题的分析，也可以是一篇关于马克思主义的理论论文；可以是各抒己见的辩论，也可以是齐心协力的小组调研；可以讲一堂精品课，也可以写一篇读后感，丰富多样的考核形式，不但可以从多方面评定学生学习效果，还可以充分发挥学生主观能动性，激发学生学习兴趣，提升教学效果。

综上所述，新时代高职院校开展马克思主义理论教学要面向新形势，遵循理论教育的原则基础上，变革马克思主义理论教学的途径和方法，用多维的、全方位的理论教育模式，提升学生学习马克思主义理论的积极性和主动性，不断探索高职院校马克思主义教育的创新路径，注重马克思主义教育的现实性和时效性，提升高职院校学生的理论素养，培养德智体美劳全面发展的社会主义建设者和接班人。

高职院校新型工业文化育人模式探究 [①]

习近平总书记在党的十九大报告指出："文化是一个国家、一个民族的灵魂。文化兴国运兴，文化强民族强。要坚持中国特色社会主义文化发展道路，激发全民族文化创新创造活力，建设社会主义文化强国。" [②] 更加突出强调了文化自信与文化的繁荣兴盛对中华民族伟大复兴的重要意义。国务院2015年出台了《中国制造2025》，也提出要培育有中国特色的制造文化，指出建设制造业强国既需要技术发展的刚性推动，也需要文化力量的柔性支撑。对于职业教育而言，在人才培养过程中，更需要借助文化的磅礴之力来丰富所培养人才的精神内核。在新型文化业态的打造过程中，借助学校专业特色，融入工匠精神，大力发展工业文化，唱响特色工业文化，实现职业院校更优质的发展。

---

① 作者简介：刘世敏，重庆工业职业技术学院。

② 习近平. 习近平谈治国理政（第3卷）[M]. 北京：外文出版社，2020：32.

一、高职院校加强工业文化建设的价值与意义

（一）有助于全面提升工业软实力

当前，我国已经跃居世界第一制造大国，我国必须紧紧抓住新一轮科技革命和产业变革与我国加快转变经济发展方式形成历史性交汇，国际产业分工格局正在重塑这一重大历史机遇，按照"四个全面"战略布局要求，加强统筹规划和前瞻部署，努力建成制造强国。我国工业化进程进入了需要以工业文化作为重要支撑的新阶段。大力发展工业文化，不断增强中国制造业软实力，已经成为推进工业经济转型升级、提质增效的战略选择。《中国制造2025》《关于推进工业文化发展的指导意见》等也提出要大力弘扬创新精神、工匠精神、诚信精神、企业家精神以及要抢救和保护濒危工业文化资源，努力提升中国工业的软实力。

（二）有助于推进和实现学校的内涵建设

《国务院关于加快发展现代职业教育的决定》、教育部《高等职业教育创新发展行动计划（2015—2018年）》以及重庆市有关文件，明确提出了要进一步提高职业教育教学质量，进一步发挥优质教育资源的示范引领作用，进一步加强对高职院校的更深层次建设，促进高职院校创新性发展，高职院校将迎来新的发展机遇与挑战。要在诸多高职院校中脱颖而出，实现转变与提升，全力以赴增强其核心竞争力是根本。学校的办学创新、内涵建设、文化沉淀、可持续发展将是成功建成优质高职院校的重要建设任务和评定考核指标。其中，校园文化建设是一个十分重要的内容，直接关系着学校的内涵建设与文化沉淀，直接体现和影响着

学校的可持续发展。

（三）有助于高职工业院校特色校园文化品牌的成功打造

结合后工业时代背景，作为高职院校，需要按照制造强国的发展战略与工业文化发展以及新型文化业态的要求，在持续加强校园物质文化、制度文化与精神文化的建设过程中，加大投入力度，进一步强化和凸显工业文化建设，充分融合校园文化与工业文化，从精神层面、物质层面、制度层面、行为层面加强和推动工业文化建设与发展，着重培养和突出工匠精神，将体现时代发展趋势或者工业发展趋势的独特文化全面、深刻引入校园文化建设中，引入课堂、宿舍和课余生活中，促进学校的内涵建设，提升文化底蕴，进一步形成和打造具有影响力的工业文化品牌，独树一帜，体现文化张力，让学生能积极投身于工业建设，努力在实践中优化升级。

二、高职院校加强工业文化建设的现实可行性

（一）校园文化建设顶层设计科学系统

高职院校目前都比较重视校园文化建设，重视校园文化建设在提升质量和内涵上的重要性。尤其以理工科为主的高职院校，更要紧密联系各自专业特色，凸显其优势，大力发展校园文化。通过科学系统的顶层设计，通过校园文化的传承与创新，拥有了日趋完善的组织机构、平台搭建、经费支持以及长效运行机制，为校园文化建设的理论与实践提供了全方位的保障。

（二）各类文化阵地和载体保障有力

目前，具有一定规模的高职院校，都注重对各类文化阵地和载体的建设，通过优化举措，为校园文化建设的打造与宣传奠定好的基础。通过线上线下、校内校外的宣传报道与办学成果展示以及各类文化阵地和载体的建设，进一步形成和凝练了具有特色的办学成果，营造了浓厚的校园文化氛围，切实增强了校园文化对师生的浸润力与感染力，为校园文化的传承与发展提供了更为广阔的平台。

三、高职院校新型工业文化育人模式途径

（一）着力精神文化建设，由浅入深强化工业精神

学校可以依托各类工作室、研究平台、科研机构，充分挖掘并量化提炼学校工业元素、工艺生产技术技能、知识产权、工业非物质文化遗产等，加强科研院所对科技与技能量化提炼，鼓励学生创新设计系列工业产品，实现工业设计理念与成品的有效转换。依托各大行业协会和学术界，深化双方、多方合作交流学习传播工业文化，加强工业文化活动参与度。通过课堂教学、实习实训、校内校外社会实践等强化对学生工业素养与水平的培养与提升，在理论学习与实践技能操作中，加强工业价值观念和规范的深化学习，进一步培养工匠精神。加强对工业文学艺术和影视作品的宣传展示，提高学校师生工业产品的品质及附加值。结合学校专业建设发展目标与二级学院专业、专业群设置特色，持续加强与企业行业的深度合作，进一步推进办学模式、培养模式、

教学模式、评价模式改革，促进产业链、岗位链、教学链深度融合，在强化专业意识与能力中，培养学生以及老师的企业文化素养，强化工业精神。

（二）着力物质文化建设，由里到外塑造工业形象

通过构建"工业文化"对接机制，提炼机械制造、模具、汽车、机电等特色专业文化，加强学生职业素质教育，结合专业特色与学校办学历史，打造并不断完善不同工业时代具有代表性的机器实物或者雕塑，编写机器实物或者工业雕塑的历史由来，融入制造业因素，体现工业文化，让学生在直观的感受与学习中，激发学生对专业、对工业建设的兴趣和探索精神。结合地方特色，打造和形成与区域经济发展一致的匠艺文化、"工业文化"博物园、工业文化研究中心等，为培养学生的工匠精神提供更大的平台与空间，进一步加强匠心、匠术、匠德的培养与提升。打造实训实习基地的专业文化氛围、与专业特性相匹配的实训实习基地等，让学生在实训实习基地设计与建设过程中，将一丝不苟、精益求精的工匠精神宣传到位、运用到位，让学生具备工匠的基本功与精神品质。加强工业文化展示，每学期安排在校师生参观校史馆，接受直观教育，增强工业意识；打造工业文化墙，分板块、分层次、分类别介绍国内国外工业化进程及与之相对应的工业文化；在各二级学院的实训实习基地进行氛围营造，加强与行业、企业的合作宣传与成果展示；宣传展示优秀学子典型事迹，定期更换，宣传正能量，激发学生学习热情，对工匠精神有更深刻的认识，进一步增强服务社会的意识与能力。

（三）着力制度文化建设，为内涵建设保驾护航

通过将工业制度文化建设与学校现代大学制度文化相结合，强化制度规范，优化各项政策福利，确保工业文化建设与工匠精神的传承与创新高效完成。充分发挥政府工业管理部门和企业两大重要载体的积极作用，从宏观与微观层面加强对工业制度文化的建设力度，为工业文化与校园文化的无缝对接提供制度保障。加强对工业管理体制、政策法规规范、行业和企业管理规章制度、产品质量、标准规范、组织形式、生产方式等的学习内化。着眼学校实际，加大政策支持力度；加强特色专业群建设，健全规章制度，进一步规范教育教学环节，在专业建设中实现对工业文化的深化提升；划拨引进专项资金支持工业文化发展，进一步提高专业服务产业发展能力，在各类保障中，实现对工业文化建设的鼎力相助以及对工匠精神的传承与创新。

（四）着力行为文化建设，孕育优秀大国工匠

工业行为文化建设与职业文化建设是紧密相连的，在一定程度上可以聚焦为企业行为文化，通过行为文化的建设实现校企文化的无缝对接，在对接过程中，进一步践行工业行为文化，从而促进工业文化建设付诸实践，并有所成效。校政行企要通过各种开发和激励措施，提高学生思想道德素质、专业素质、能力素质、心理素质和身体素质，将学生个人目标与企业目标结合起来，形成合力。

1.强化职业文化进校园

学校立足校企文化对接，成立由行业企业共同参与的教学指导委员会，分两大领域、六大板块（校园环境、实训基地、课程

体系、专业建设、管理模式、服务机制）、五个阶段进行重点建设，将职业文化充分融入学校六大板块的建设过程中，并针对在校五学期的教育教学特点，有计划、有步骤地开展职业文化引导教育，进一步强化学生的职业精神的培养与塑造，逐步实现把职业文化全面引进课堂，引进教育教学环节。构建了职业素养课程模块、职业知识课程模块、职业能力课程模块、职业拓展课程模块四大模块，以第一课堂为重点，第二课堂为延伸，第三课堂为补充，将三者有机融合，以社会实践为载体贯通第一、二、三课堂教学内容。

2. 深化校企共建育人模式

校企共建符合工业文化特征的职业教育课程，实现职业教育的课程化。系统设计课程内容，将企业先进技术和生产工艺融入课程，将企业文化、职业道德、工作规范融入课程；在专业建设和课程改革中，加强价值观教育，严格按照行业和企业的要求。完善"工学结合""理实一体化教学""以学生为主体""实训场所即教学场所""体现企业文化和现代化企业员工的素质培养"的校企合作育人、双导师模式。全面引进职业文化和优秀的企业文化，突出工匠精神的培育，将企业家精神、工业精神全面贯穿其中。坚持学校与行业企业共建实训基地，共办急需专业，共开特色课程，共同开发教材，共同培养人才，按现代企业经营管理模式共建产品技术研发中心，共建技能大师工作室。

3. 固化职业精神培养效果

利用社会资源，广泛开展工业文化教育。通过邀请行业专家学者、企业领导、杰出校友以及学校领导等做科技讲座、文化讲座、励志报告，将行业企业先进文化引入校园，建立学校学术高地，搭建校企技术交流平台；举办学生职业技能大赛，模仿企业真实生产现场环境，聘请企业骨干作指导评委；学校科技文化节搭建名企文化交流展示平台；社会实践活动紧密联系行业企业，开展企业文化传播及调研活动，帮助学生树立"劳动光荣、技能宝贵、创造伟大"的价值理念。每年开展一次职业精神宣传教育活动，通过优秀毕业生事迹和优秀工人劳动模范事迹弘扬劳模精神，切实培养和提高学生的良好职业精神，帮助学生正确规划自身职业发展，在持续学习中挖掘自身职业潜能。

运用网络热点开展大学生思想政治教育的可行性和路径分析 [①]

一、研究背景

（一）政策背景

中国共产党第十九次全国代表大会报告把教育放到优先发展的位置。作为人才培养主要阵地的高校，无疑肩负起了塑造强健知识体魄与牢固社会主义核心价值观灵魂的双重"树人"任务。2016年12月7日至8日，习近平总书记在全国高校，思想政治工作会议上的重要讲话将高校思想政治工作提到了前所未有的新高度。要完成大学生思想政治教育任务，高校首先要掌握当代大学生的思想政治特征，了解思想政治工作面临的新挑战。2019年3月18日，习近平总书记在北京主持召开学校思想政治理论课教

---

① 作者简介：王东颖，重庆工业职业技术学院。

师座谈会并发表重要讲话，高屋建瓴地阐明了开好思政课的长远意义，深入浅出地分析了课程改革创新和教师队伍建设的关键要点，把思想政治教育看作培养一代又一代拥护中国共产党领导和我国社会主义制度、立志为中国特色社会主义事业奋斗终身的有用人才的必要途径。

（二）形势与现实背景

中国社会正处于改革发展特殊期和科学文明繁荣期，当前的时代背景在中国历史上具有独一无二的复杂性，物质社会的日益丰富和人类自我的不断膨胀，造成意识形态领域问题不断凸显，矛盾不断扩大，甚至到了动摇社会稳定根本的地步。

1. 信息大爆炸引发群体性"意识裂变"

当代大学生是在新时代背景下逐渐成长起来的具有一定道德修养、思想文明、文化素质以及创新能力的年青一代，其思维、行为方式已经深深打上了时代的烙印，对于现代文明的接收和创造方式受到不可逆转的影响。而模式单一的思想政治教育传统路径无法为信息大爆炸带来的"头脑风暴"提供思辨空间，习惯了敞开思维使各种设想在相互碰撞中激起创造性风暴的大学生越来越反感只提供单线思维和单一选择的传统教育法则，处于渴望成熟却仍未真正成熟和透彻的人生初期阶段的他们，容易在精神和思想上成为当代新型"叛道者"。

2. 复杂的国际形势对国内政治造成了冲击和干扰

纵观当今世界局势，在全球化的挑战面前，各国、各民族文明发生激烈冲撞，旧世界被打破，而新的世界秩序尚待重建。"互联网风"将来自西方的反华势力悄悄"吹"到了中国本土，西方侵略性格和殖民主义基因再次穿上"自由"与"民主"这两件美化外衣，混迹人群大行煽风点火之能事，挑起中国人民与国家内部矛盾，破坏国内政权稳固，以达到"从精神上搞垮中国""和平演变"的卑劣目的。缺乏社会主义价值信仰的盲目跟风者，以理想主义的巨大热情充当了霸权力量入侵中国的现实帮凶。中国某些高校哲学社科类教师缺乏对中国的政治认同，对资本主义制度和生产生活方式大加追捧，使得社会主义思想政治教育变成了比空壳更可怕的反面诱导。

3.多元文化导致大学生普遍具有"选择困难症"

以新闻媒体为手段、以文化产品为载体、以表层文化为突破，依靠强势的文化输出实现单极力量主导世界的巨大野心，这似乎已成为某些国家的战略入侵行为。在互联网时代，不同文化以空前的自由度和速度进行扩散、传播和交换，各类文化现象涌现。"口味"各异的文化大餐无疑让国内大学生包括伦理观、人生观、价值观、世界观、政治观、审美观在内的观念系统"消化不良"，更加多元的文化、复杂的社会生态、更多的选择反而导致大学生不清楚自己应该树立怎样的价值观念，更无法构建社会主义信仰体系。

二、研究目的

党中央、国务院出台的《关于进一步加强和改进新形势下高校宣传思想工作的意见》（中发〔2016〕31号）文件中提到："高校作为加强社会主义意识形态教育的前沿阵地，肩负着学习研究宣传马克思主义，培育和弘扬社会主义核心价值观，为实现中华民族伟大复兴的中国梦提供人才保障和智力支持的重要任务。"要实现大学生思想政治教育的现实意义和预期目标，需要具备以下三方面内容。

（一）使大学生具备坚定的中国特色社会主义信仰

使当代大学生牢固树立为建设新时代中国特色社会主义和实现中华民族伟大复兴的中国梦而努力奋斗的正确价值观，是高校思想政治工作的原则性也是方向性目标。

（二）充分发挥思想政治价值引领和育人功能，为大学生"全面发展"和国家改革发展提供精神动力

全面提升大学生的思想认识水平，不仅有利于完善大学生专业技能和综合素质的自我教育机制，有利于当下和未来社会的稳定发展和长治久安，更是以精神内涵建立社会改革发展动力系统的中坚环节。高校应构建以马克思主义为一元指导地位、新时代中国特色社会主义理论为核心内容的观念体系，将马克思唯物主义科学世界观和方法论贯穿于理论学习和社会实践，把社会主义意识形态代入"人化"过程，使大学生认识、理解、改造外界事物的思想理念和行为习惯自觉带上社会主义人文性质。反过来，再用这些改造世界的人文成果来提高、武装、造就人，实现大学生发展更全面、更自由的"化人"目标。

（三）育人过程中牢固树立社会主义核心价值观，实现可服务于中国社会发展的人才输出目标

高等职业教育正处于深化改革期，人才培养的重心向培养适

应我国经济发展新常态、吻合国家和地方经济社会发展新需要的创新型、应用型、复合型的高素质人才转移。而开展大学生思想政治教育的任务已经不再局限于高校。社会主义核心价值观的提出，让家庭、学校、社会形成育人合力，多层面、全方位强化对大学生的意识形态教育，确保未来人才的"德才兼备"，真正实现为国所用。

三、大学生思想政治工作的重点和方向

高校要找准大学生思想政治工作的脉搏，巧妙而持久发力，充分发挥思想政治教育主阵地、主渠道作用，使大学生成为新时代中国特色社会主义道路的开拓实践者和中国梦的实现者。

（一）强化党的建设，坚持社会主义意识形态在教育活动中的主导性

对中国共产党领导地位的认同是树立中国特色社会主义核心价值观的基础，是建立社会主义信仰的关键。高校应把思想政治教育工作提高到学校发展首要战略地位，从提升观念、健全体制、完善内容、加大考评等方面，加大思政工作力度。使党务工作、思政工作、学生管理工作形成联动机制，促使思想政治教育的主体、客体、教育活动达到统一。加强学生思想文明建设，建立严格的纪律考核标准，将大学生思想政治表现纳入学籍管理系统中，以"规"促"行"，以"行"化"德"，促进社会主义精神文明不断内化于心；加强学生党员教育，以人为本，科学立体引导学生树立正确价值观念。

（二）完善教学体系建设，促进大学生思想政治教育的质量提升

1. 常规思政理论课程体系是轴心

（1）课程设置要考虑思想政治教育的系统性

思政课程设置要充分考虑思想政治教育的系统性和完整性。横向的不同课程和纵向的不同阶段要体现各自的侧重，并全面覆盖思想政治教育方方面面，共同组成完整的学科体系和知识网络，使大学生从思想政治教育中获得内在生命力。另外，高校在制订人才培养计划时要加重思政教育的占比，强化思想政治的重要地位。

（2）课堂教学要加大创新和活力

加强课堂教学环节，创新思政课堂，提高学生对课堂的参与度，培养学生对思想政治教育的建设性和主动性。以双向性的教育方式为依托，精细化教学环节设计，提升课堂教学的质量和受教育者的体验值。优化思政课教学内容，使内容创新与课堂结构创新相适配，突出授课内容的现实性和生动性。理"论"得越彻底，越能说服人。思想政治教育内容的彻底性，一是要反映客观规律，具有理论上的科学性；二是要反映客观事实，体现理论的现实指导性。关切重大问题、切入前沿问题、跟进热点问题、解决切身问题，对于思想政治教育的效果起到至关重要的作用。

（3）日常教学活动中要注重思想政治教育内容的渗透性

思想政治教育不仅应借助思政课堂发挥效应，也要在日常教学活动中通过深入强化得到巩固和发展。要在日常教学活动中始终保持思想政治的引领作用和核心地位，让思政教育成为任何课

程课堂教学的一部分，并与专业特色、学科魅力、教师经历等相结合，使思想政治与日常教学有机融合，相辅相成。

2.中华优秀传统文化课程体系是关键

传承和发扬优秀传统文化是建设中国特色社会主义和构建社会主义精神文明的重要组成部分，在大学生思想政治教育中开展优秀传统文化教育，是提升大学生政治意识和思想道德的重要举措。高校应发挥教育主体作用，以优秀的传统文化育人，将精神文明贯穿教育教学始终。中国传统文化尤其是儒家文化正是当下社会主义核心价值体系的思想源头和原型，理解优秀传统文化更有助于践行中国特色社会主义核心价值观。高校应在课程体系构建上加强人文课程建设，在教学中大量加入传统文化教学内容，开设更多与优秀传统文化相关的选修课。

3.红色教育、创业教育等内容引进是突破

要使思政理论课通俗易懂，必须深入浅出，培植符合大学生认知水平、思维习惯和理论需要的课堂语境，帮助大学生对思想政治课程内容的吸收消化以及学以致用。

加强走社会主义道路的信心，必须让红色文化融入大学生思想政治教育中、根植于大学生的精神血液里。加强红色文化理论学习和实践，加强大学生"三下乡"社会实践、参观红色革命遗址等常规活动的相关理论深度和学术指导；创新实践形式，开展特色活动，比如，开展红歌比赛、征集红色文化案例和论文、举办文化讲坛等，将红色教育贯穿校园文化生活，在环境中熏陶和提高大学生觉悟意识，培养爱党爱国情怀。

将创业教育与马克思主义理论教育、理想信念教育、道德法制教育、心理健康教育结合起来，不仅能增强学生对思政课内容的吸收效果，更有助于大学生在实践锻炼中充分验证马克思主义的先进性，自觉贯彻社会主义意识形态。

（三）将教育活动与新媒体运用相结合，增强大学生思想政治教育的实效性

要使大学生思想政治教育取得实效，就要利用好各类教育阵地和传播渠道，达到润物无声的教化效果。高校应全方位打通线上教育平台，充分发挥网站、微博、微信等社交媒体的功能优势，将教学重点、文化活动、宣传信息、时政资讯等扩充思想政治教育内容的丰富信息通过新媒体传递给大学生，以满足信息时代下"碎片化"的阅读习惯，并使信息流通更加高效和便捷。开通网上交流互动功能，通过虚拟空间对话，实时掌握学生思想动态，获取有关学生心理、兴趣、存在问题的有用情报，使思想政治教育的开展更具针对性。

（四）稳抓教师队伍和专门力量建设，发挥教育主体的带头和带动作用

高校应高度重视专任教师、辅导员和其他思政工作者队伍建设，更好地发挥教师的主体作用和战斗力。教师要以自身的爱岗敬业精神为活例，形成学生中的良好示范；加强自身内涵建设，提高自身教育教学实力，对教育质量严格把关。

四、将网络热点引入大学生思想政治教育的意义分析

（一）为什么要关注网络热点

网络热点的频繁出现是网络大环境下公众的政治参与度、社会参与度整体提升的必然产物。生活现实中，互联网环境下层出不穷的网络热点问题已经成为携带不同观念元素的自由载体，冲击大学生的价值观念，直接影响大学生群体心理，对社会主义信仰体系的建成造成障碍。

针对新形势下大学生意识形态的"先天不足"和"失守容易"，着眼于大学生思想政治教育目标、方式、途径及载体的时代性特征，高校必须在真正理解现实网络环境的前提下，探索出一条既符合社会要求又满足个体需求的教育路径，通过设定科学合理、高效长效的育人目标，使开放式的网络环境"为我所用"，以社会问题、网络热点为突破，结合多元化信息传播载体和途径，建立新形势下具备拨乱反正能力的"反价值背离"机制，并以当今时代热议的社会主义核心价值观为内容突破和价值引领，使高校思想政治教育工作真正取得实效，并且事半功倍。

（二）网络热点在思想政治教育领域的正确运用

利用网络热点开展大学生思想政治教育，提升社会主义核心价值观的正面影响力，既不能违背马克思主义一元指导地位的教育原则，也不能违反作为网络原住民的当代大学生的头脑运用法则；既要符合人的全面发展的内在精神需求，又要充分体现中国共产党领导下的社会主义中国对其接班人的社会政治意识形态熏陶和塑造。以网络热点为形式创新，以社会主义核心价值观教育

为内容体系创新，这极其有利于淡化纯理论、纯功利说教，促使大学生从消极受众向积极受众转变，从而突破大学生对传统思想政治教育的心理抵触；有利于在网络环境中积累意识形态工作经验，筑牢大学生思想盾牌；有利于对大学生开展思想政治方面的隐性教育，让思想政治教育融入大学生日常学习、生活，并成为大学生观念系统里的先驱部分和个体实现自由发展的动力保障。

五、网络热点在思想政治教育中是否可用

（一）正确解读思想政治教育二元目标

思想政治教育目标从理论上可分为"社会哲学范式"和"人学范式"两种倾向选择。以思政理论课堂为大学生思政教育主要阵地的高校在开展思想政治教育工作的时候，过多地运用了"社会哲学范式"思维，进而忽略了大学生基于自我发展的内在需求性；过于强化思想政治教育的理论作用和社会功能，将马克思主义一元指导地位变成了马克思主义理论的"垄断供给"，错误地将世界的"人化"作为终极目标，而淡化了思想政治的"化人"目标，最终不利于人的自由全面的发展。单一、刻板的教化目标及手段最终导致了思想政治教育活动的主体对马克思主义基本原理的误解和偏离。

大学生思想政治教育目标的二元化，应当具备两个维度的理解：一是从目标属性来看，"二元化"指目标体系应兼具理论性和实践性；二是从目标的价值体系来看，目标体系结构与内容设定必须同时考虑客观世界的"人化"和思想政治的"化人"目标，

即既要一定程度地遵从标准哲学理论范式，又要充分尊重人的自由全面发展客观动机。

　　然而，包括案例院校在内的大部分高校在开展思想政治教育的过程中，没有结合时代特征及当代大学生的生活成长背景而及时更新教育的目标体系，使传统思想政治教育仍然延续老旧坐标，背离了思想政治教育的"实用理性"原则。思想政治教育以实现人的全面发展为目标，包括素质教育、理想信念教育、爱国主义教育、公民道德教育等核心内容。

　　基于此类种种，当前的思想政治教育工作须进行必要矫正，加大对大学生思想政治教育需求的动力作用机制的关注，将个体精神纬度引入思想政治教育坐标，不断促进大学生思想政治教育的自觉生长更新及其内在超越性。从"供求平衡""供求相当"的科学原理出发，在不脱离当代大学生生活成长客观环境的前提下，寻求由网络热点作为最佳切入点，使思想政治教育质量和效果最优化的途径，同时把社会主义核心价值观转化为人们的情感认同和行为习惯。

（二）将二元目标与网络热点进行正确的结合

　　用好网络热点素材和网络平台是对大学生社会主义核心价值观起到正面影响力的有效路径，可促进实现思想政治教育的"二元化"目标。将网络热点与大学生内在需求、社会政治范式要求进行双重结合，建立二元目标体系，并将网络热点上升为实现思想政治教育"二元化"目标的有利契机和良性载体，从而探索出一条网络热点教育与思想政治教育的联动机制的建立路径，解决网络舆情环境下大学生马克思主义信仰和社会主义意识形态"易攻难守"等教育难题和困境，提升大学生思想政治教育工作的质量和效果。

用活网络热点素材，打造生动有趣的思想政治理论课堂，增强大学生自我教育的常态性、时效性、自觉性以及生活化。真正做到春风化雨、育人无形，必须要钻研和解决以下问题：一是当前高校思想政治教育目标的缺陷及其重新定位；二是大学生思想政治工作面临的挑战和机遇；三是大学生思想政治教育需求分析；四是基于思想政治教育需求的教育"供给侧改革"—— 社会主义核心价值观教育工作的时代性特征；五是网络热点的分类与价值分析，及其对大学生社会主义核心价值观的影响原理；六是利用网络热点开展大学生社会主义核心价值观教育的实践经验分析；七是网络热点传播与社会主义核心价值观传播活动在接收机制上的一致性和差异性分析；八是利用网络热点开展大学生社会主义核心价值观教育的创新路径及方法分析；九是开拓社会主义核心价值观教育校园网络新阵地；十是利用网络热点开展社会主义核心价值观的案例研究和实践应用；十一是建立网络热点解读和大学生自我教育联动机制；十二是在现实环境中建立起对社会主义核心价值观的情感认同。

六、案例院校运用网络热点开展思想政治教育的调查情况及分析

通过在案例院校重庆××学院全校范围内随机抽选部分专

业、班级集中发放回收调查问卷，学生和教师抽样访谈，有针对性听课，通过教案讲稿、学生作业、论文、教师笔记等书面记录监测，网上信息追踪查询等调研方式，获取以下基础信息及相关统计分析。

（一）思政课堂对网络热点的运用情况

有近90%的思政理论课教师曾在课堂教学中援引网络热点素材，其中有不到80%的教师会利用网络热点素材引导学生开展讨论，在引发的讨论和得出的结论中，有约45%的情况是与包括习近平新时代中国特色社会主义思想、社会主义核心价值观等内容在内的中国特色社会主义理论体系紧密相关的，约18%的情况与中华优秀传统文化相关，不到25%与马克思主义理论体系相关，其他情况约占12%。

值得注意的是，在所有利用网络热点素材引发学生开展讨论的情况中，教师对现场失去控制，学生的讨论发言中一度出现宣扬错误价值观念即所谓"价值观偏离"的案例不在少数。比如，在开展"坚定文化自信，树立民族自豪感"课堂教育中，教师引导学生对西方文化入侵方式和目的进行讨论，旨在引导学生认识西方某些霸权主义国家试图分裂中国的卑劣态度和隐秘手段，但由于引导不善、析理不透彻或者过度解读，反而激起学生的逆向看法和合理存疑。比如，以我国近几年国产爱国大片为素材，着力分析其中体现的爱国主义精神和民族精神，以影视文化为例宣扬中国文化软实力，歌颂中华民族屹立世界民族之林不倒且不断走向强盛复兴的文化法宝，这本来是有积极意义和巨大价值的课堂设计，但也容易触碰西方大片多年来以其独有的价值体系塑造出的无数银幕英雄的广大拥趸内心，学生会不禁发问，西方的文化软实力在某些方面高于现阶段的中国，我们为什么一边学习参考他们，一边警惕防御他们？为什么西方银幕上的个人英雄主义是西方霸权主义和新殖民主义的粉饰外衣，而中国的英雄主义为什么是爱国主义，二者在侵略性、爱国性、民族性上有何异同？如此设问是课堂讨论环境复杂多变、当代大学生文化多元性的体现，导致很多教师面对类似课堂设计望而生畏，从而有意识减少自由研讨辩论次数。也有一部分极具经验和智慧的教师，他们擅长前瞻性的谋划工作，把可能有的问题和出现的状况考虑在前，事先做好应对准备，同时通过长期学习不断提升自身理论水平，甚至开展跨学科研究，将哲学、法学、教育学、经济学、管理学、文学等有机融合进思想政治教育学科，使知识成体系地融会贯通，可以因材施教、举一反三，防止矫枉过正，有效化解课堂"价值观偏离"尴尬。

（二）其他课程授课过程对网络热点的融入情况

为强化思想政治教育在大学生教育工作中的引领地位，案例院校从2018年开始对教学全局进行了更加严格的部署和整顿，直接以任务布置的方式，要求将思想政治教育内容引入所有课堂教学。以大学语文课为例，要求任课教师在每次授课过程中，结合本门课所讲知识，选取思想政治方面某一个相关知识点进行讲解，或开展爱党爱国启发性教育；期末考试中思想政治教育相关考点的考题数目和分值比重不得低于总分值的1/3。有了制度保障，思想政治教育顺利进入所有教学课堂。但解决有无之外，还面临非思政专业教师讲思政课是否取得实效的问题。根据调查数据显示，有超过80%的学生觉得并未在非思政课的课堂上获取有用的思政知识，或受到有益的思政教育、情感启发。这表明，其他课程授课过程对思政教育的融入情况非常不理想，同时可以推断，在课程思政的语境下，无从谈起其他课程授课过程对网络热点的融入。

（三）党建和思想政治教育网络阵地建设情况

1.网络阵地综述

案例院校党建和思想政治教育网络阵地主要为学校官方网站、微信公众号、青春重工校园 APP 以及各级 QQ、微信群等。

校园 APP 和各级 QQ、微信群的主要用途是配合学生工作系统性管理职能落地，通过统一管制标准、分级组织建设、个性化打造、专人负责的运转模式，更好地服务于大学生在校学习生活各项需要，一站式管理大学生学习生活相关费用收缴、奖助贷、各种选拔名额申请等与自身福利权益相关事宜，以及学习管理、纪律管理、宿舍管理、通知信息管理、统计报表、进校离校手续办理等具体事务性规范，实现智慧校园学生管理信息化智能化目标。可见，此类掌上阵地的行政属性大于教育属性，不属于本次调研重点。

学校官方网站"学校新闻"板块主要报道学校重要新闻，包括校级以上会议、重要活动、各类喜讯和办学成果、领导动态等，覆盖教育教学、人心工程、校企合作、社会服务等，以新闻叙事体裁为主，报道客观事实，发出好声音，传播正能量，对外宣传学校正面形象，对内凝聚全校师生员工。由于体例正规严肃、版式统一缺少变化，偏重于官方权威性和书面符号化，且以网页样式出现，更多适合电脑浏览，非掌上普及阅读方式，更倾向于是一种社会成人式阅读配置，因此，也不在研究大学生网络热点关注度和思想政治教育日常网络阵地的重点调研范畴内。

2. 官方微信公众号

案例院校党委宣传部运营的学校官方微信公众号是学校开展思想政治教育、润物无声的最主要网络阵地、掌上阵地。以2018年11月1日至2019年10月31日之间发布的全部内容为依据，得出以下统计情况。

（1）综合影响力分析

在上述单位时间内，共发布官微数量达54条，平均月发布数4.5条，平均每周发布超过1条，达到重庆市教育系统各单位官微内容发布数量平均水平；每条微信内容平均阅读量近2500人次，头条阅读人次常高达近5000人次水平，微信传播指数WCI约480，整体热度高，发展走势良好，传播度、覆盖度及公众号的成熟度和影响力均在全市前列，多次位列全国职业院校微信公众号综合影响力100强月排行榜和年度榜单。

（2）内容结构分析

案例院校官方微信发布内容主要分为时政热点、党建专题、学校新闻会议、学生活动、校园宣传等类别，其中，时政热点又涵盖网络流行热点、教育系统新闻、民生关注、文教科研要点、其他资讯等方面。据统计，时政热点类发布数量为12条，占总条数比例为22.22%；党建专题为9条，占比为16.67%；学校新闻会议为5条，占比为9.26%；学生活动为12条，占比为22.22%；校园宣传为16条，占比为29.63%。

（3）思想政治教育亮点分析

经比对分析，案例院校官微有较强的内容交互性、立体感以及手法的创新性和结构丰富性，同一个热点可以从多个角度和场面进行"互现"，以达到透视全观的宣传效果；同一种新闻素材加以不同侧重的变化，又可形成多维立体的教育引导效果，引发大学生的正面思想争鸣，提高学生对学校事务的参与度，规范主流意识形态。其中，大学生活动内容板块充分体现了网络宣传热点打造新闻效果与运用网络平台吸引公众流量的双向结合运作特征。比如，利用校园摄影大赛、"学校最美教师"评选投票活动、各种校园晚会等大学生活动，以图文、声像方式全方位展示学校的校园环境、办学软硬件条件、师资水平、学生综合素质情况，对学校起到良好的宣传作用；举办思想政治课学生讲课大赛，利用官微、校园网站等网络平台发动学生参与讲课听课，激发思考、评论及投票的热情，持续挖掘制造新闻亮点，配合官微内容制作与推送，营造"学思政、讲思政、传思政、爱思政"的全民思政氛围，成功引发了一场轰动校园的思政热潮。再比如，利用迎新小贴士、毕业季深情告白、招生季重工攻略、发现最美重工瞬间等热点、亮点素材，长效打造题材新颖、内容充实、一语双关、隐性情感价值极大的校园宣传专题。一是通过全面宣传学校，使校内外熟知案例院校办学品质、办学成果和社会知名度、美誉度；二是助攻招生、学生管理、毕业生就业等大学生在校教育重大时间节点上的重难点任务，以建立学生以及潜在生源与学校的情感价值连接为指导原理，以巩固生源、筑牢人心基础为内容取向和制作的目的，确保学校以立德树人根本任务落地生根取得实效，推动教育教学各项中心事业稳步发展。

（4）学生接受思想政治教育体验的调查情况及分析

除上述已涉及的调查反馈主观意见以外，调查结果还显示，目前案例院校在校大学生对学校开展思想政治教育情况的反馈总体良好，但仍有超过68%的学生认为思想政治教育工作存在薄弱环节，按程度由重到轻排列有以下五点主要问题：一是照本宣科，内容重复，缺少振聋发聩的真理之声；二是教育手段单一，学生学习思政、热爱思政的内心冲动不能延续；三是理论讲授不透彻，无法构建马克思主义和中国特色社会主义理论体系；四是课堂气氛沉闷，思政教育缺乏趣味；五是思想政治的课外学习缺乏监管和考评，学生自觉性不高，自主学习能力较弱、效率低下，也导致思想政治教育缺乏长效性。

七、案例院校运用网络热点提升思想政治教育质量的可行路径

在前期实证研究基础上，网络热点与大学生思想政治教育相互作用的路径和策略有如下几点。

（一）深刻理解全面深化改革与新一轮科技革命的契合度，把准互联网信息技术与思想政治领域的合作脉搏

网络信息、网络技术既是大学生意识形态工作重要管控地带

和重点突破口，又蕴藏着带动大学生创新创业、促进产业技术升级的强大推动力。学校应加强顶层设计，充分调动互联网自身的强大生命力和现实优越性，坚持持续发力，一是优化学校"大、智、物、云"基本物理建设配套和资源配置，借助信息技术东风吹绿职业教育良田；二是以互联网为平台载体和对象主体，孕育出更多大学生创新创业成功典型；三是发挥应用型人才培养优势，走产教融合发展道路，服务于热门产业和行业体系，比如，电子商务、智能制造等，建功"十四五"，助力实现国家科技振兴战略目标；四是加强党对一切的领导，强化大学生思想政治教育，使专业技能人才的培养和输出始终围绕培养中国特色社会主义建设者和接班人这一原则性前提。

（二）正确策划网络热点的可能内涵和外延，找准运用网络热点素材开展思想政治教育的发力点和着力点

一是以网络热点的直观性和客观性，提高大学生思想政治教育的真实获得感和趣味性；二是以"认识—实践"二者相互指导的原理性，提高大学生思想政治活动践行质量；三是利用网络热点和思政活动主体的一致性，培养大学生的开拓性和创新性；四是巧妙利用网络热点的时效性，提高当代大学生思想政治教育的时代特征性；五是优化校园网络思政内容结构，确保思想政治教育内容的全面性和丰富性。

（三）以赛促学，以效促改，不断推进网络思政的长期性建设

案例院校多次承办各专业技种国家、市级技能大赛，斩获大

奖无数的同时还致力于制定国家级专业标准，引领行业建设发展，不仅书写了自身办学历程上的辉煌篇章，还成为区域教育经济历史上浓墨重彩的一笔。与此同时，新时代新形势下思想政治教育势头猛进，已成为与专业建设齐头并进的教育教学事业的重中之重。作为办学保障和办学重心的思想政治教育事业，在深化教育教学改革的今天，更应朝着科技革命等大变革的方向大刀阔斧地改革，打破原有习惯和规则，进行体制内的再造重组。学校应从以下六个方面进行思考探索：一是抢抓机遇，率先实行思政教育改革试点，同步引领地区其他同类院校，争取建成网络思政样板单位；二是加强网络思政经验共享与推广，主动发起和承接网络热点视域下思想政治学科建设研讨和学术交流；三是探索思想政治教育教学体制改革，有机整合业务学习与政治学习，进一步归顺主体责任，稳中推进课程思政，强化"三变"，即办学职能的转变、课堂主体的转变、教学方式的转变，真正使专业课程、综合素质类课程与思政课程同向同行，形成协同效应；四是加强"以赛促学"经验借鉴，以思政课改革为契机，提升大学生思想政治理论水平和实践应用能力，培养德才兼备的应用型、复合型人才；五是颠覆传统课堂，一反思想政治课唯讲是从的传统，结合当今翻转课堂、微课、慕课等新型课堂形式，进一步丰富思政课内容，创新教育方式，提高学生参与度；六是重视大学生思政的课外教育，可定期选取网络热点素材，翻新思想政治教育主题，围绕不同主题开设学生思政大讲堂、系列辩论赛等活动。校园网站网页、校报校刊等网络和实体宣传平台都可增设思政专栏，对于好的大学生思政成果予以及时公开和嘉奖，将思政成果打造为新的热点素材，打通网络热点与思想政治教育的相互转化渠道，建立大学生喜闻乐见、体现价值、科学完备、高效运转的网络思政体系，在普及思想政治教育的同时实现大学生个体的自由、全面发展。

（四）肃清政治生态，严防"价值观偏离"

加强正确引导，防止师生产生"价值观偏离"，从根源上杜绝与马克思主义和中国特色社会主义理论体系、价值体系、信仰体系背道而驰的现象。防、治双管齐下，建立师生思想政治监管和考评制度，严肃处理非主流、非正面的言行，确保思想政治生态风清气正，意识形态干净纯洁。高校教师应前瞻性地谋划工作，把可能有的问题和出现的状况考虑在前，事先做好应对准备，同时通过长期学习不断提升自身理论水平，使知识成体系地融会贯通，可以因材施教、举一反三，防止矫枉过正，有效化解课堂"价值观偏离"尴尬。或利用可能引发价值认同危机的事件和学生的发问，巧妙引出正解，攻克理论难点，拨乱反正网络热点素材引发的消极态度和观念，让学生在浓厚的学习兴趣中建立正确的社会主义价值观念体系。

社会主义核心价值观融入高校学生工作的研究 [①]

在第二十三次全国高等学校党的建设工作会议上，习近平总书记就高校党建工作做出重要指示，强调办好中国特色社会主义大学，要坚持立德树人，把培育和践行社会主义核心价值观融入教书育人全过程，强化思想引领，牢牢把握高校意识形态工作领导权。

职业学校建立建设有效的意识形态载体，在实践活动中增强学生在意识形态方面的自觉性，提高意识形态领悟，职业教育要把社会主义核心价值观融入各科学习中，同时也要落实到辅导员教师日常的教学教育工作中，努力培养以爱党爱国为核心的社会主义事业的建设者。

---

① 作者简介：郭政华，陕西铁路工程职业技术学院。

一、社会主义核心价值观融入高校学生工作的意义

（一）引领校园文化建设是职业院校工作的关键内容

校园文化建设作为职业院校工作的关键内容之一，关乎学生世界观、人生观和价值观的培养。职业技术院校在培养学生专业知识技能的同时，要重点建设校园文化，在高职教育中推进国家推行的文化育人工作，将社会主义核心价值观融入高职教育工作中体现出建设作用，应具体落实到高校辅导员老师的日常工作当中，充分发挥思想教育的引导作用，也就是说要在日常教学工作中引导学生树立符合社会主义核心价值观念的世界观、人生观和价值观，并将其合理观念落实到学习和生活当中。另外，良好的校园文化氛围具有隐性教育的功能，在以社会主义核心价值观为主流的思想观念引导下，校园精神文化建设在学校的规章制度维护下营造积极向上的文化学习氛围。

新时期的大学生身处改革开放的大环境下，受西方开放多元文化影响，当代学生敢于冒险，追求自由，崇尚自我，价值取向多元化，缺少核心价值观引领，而在如今国家的重要发展阶段，青少年肩负着伟大的历史使命。因此，高校教育有必要对学生进行校园文化宣传，让学生在学习社会主义核心价值观的同时明确自身肩负的重要社会责任，在时代不断的迭进，不断开放的文化氛围中，始终坚持用中华传统的优良文化凝聚爱国主义精神，为社会的不断进步和发展贡献自己的价值，彰显以社会主义核心价值观引导下的新时代新青年勇敢勤劳，自强不息的民族精神。

（二）服务学生成长成才是职业院校工作的主要目标

服务学生成长成才有两个方面的概念，一方面是指学校和教师有义务教授学生学习课本理论知识，培养实践能力；另一方面则强调学校和教师要重点关注学生思想动态变化。新时代的大学生在各种主流思想的冲击和影响下，注重自我感受和利益，价值观上相对比较自我，倡导自由和逆反心理相对其他时期的青年来说比较严重，加上信息媒体传播速度日益增快，学生接触社会的面积更加广阔，甚至还有极端思想充斥在网络的边缘，思想日渐向多元化趋向发展，高校辅导员老师的思想工作主要目标之一就是要尽心服务学生成长成才。

全面、宽领域、多层次地了解和认知当代大学生的需求和思想变化，适应当代对新青年的新要求，以人为本，立足于开展学生的日常学生生活，增强与学生的文化思想交流，抓住学生的心理变化，找出解决方式方法，发挥青年学生思想上的独立性和自主性。此外，从另外的角度来讲，学生的思想动态一定程度上关乎学校的文化环境以及教师的教学教育方式，学校应本着为学生服务的态度进行教育教学，增加师生交流互动的活动和课程，加强对学生情绪的疏导和心理的沟通，及时解决思想动态问题，引导学生快速地以良好的精神状态面对人生坎坷。学生的价值观形成和思想动态的波动多半与学校的文化氛围和宣传的主流思想有关，这就要求高职学校要注重对学生精神文化领域的培养和熏陶，在日常的校园文化宣传活动中本着以社会主义核心价值观为指导展开。

（三）增加就业创业教育是职业院校工作的重点发展

职业院校培养人才的重要目的是向社会输出优质人才，因此，增加就业创业教育是职业院校开展工作的重要内容之一。以下从开展助学扶贫政策工作和大力支持大学生的就业与创业两个方面阐述。

一方面，开展助学扶贫政策工作，增强学生的社会责任感。我国职业院校对于助学助贫，减免学费和勤工俭学等各种助学措施组成的助学体系相对比较完善，助贫政策的落实与实现扶贫育人两不误。通过奖励、勤工俭学等多种资助途径实现经济物质和精神文化上的帮助，贯彻落实当代大学生的价值观教育培养。另一方面，大力支持大学生的就业与创业。结合当前社会发展对人才培养的需求，职业学院不仅要增强对学生知识技术的掌握，更要做好学生思想政治的教育，教师在教育和引导的过程中，应注意社会中多样就业途径和多元就业理念对学生的影响，应将社会主义核心观念融入指导就业创业工作当中去，切实做好高校就业指导工作，引导学生理性面对就业压力。

高职辅导员应坚持自身以服务学生为宗旨和任务，做好日常服务工作，做好思想政治观念上对学生教育和行为引导，增加职业院校的就业与创业，推进职业院校精神文化建设，教导学生在各自社会岗位上不断地践行社会主义核心价值观念。

二、社会主义核心价值观融入高校学生工作中存在的问题

（一）文化环境单一是普及社会主义核心价值观的重要阻碍

高校在落实党和国家的培育践行社会主义核心价值观的过程中，校园文化环境的过于单一和氛围熏陶欠缺是重要的阻碍原因，以下将从这两个观点进行剖析。

首先，职业学院文化环境单一致使推进主流价值观效果不显著。创建精神文明校园活动，构建文化氛围浓郁的校园环境对弘扬社会主义核心价值观有着不可小觑的作用，但是在现阶段内，我国高职校园文化建设的过程存在很大的缺陷和不足。例如，第一点，高职院校学生的活动以娱乐为主题，形式传统单一，宣传意义不明显。第二点，计划目的性较弱，教师评定评估难度大，场所局限性大。由于活动的政治性强，只有极少数同学可能参与其中，多数都是班干部和团干部，大多数同学无法参与到活动当中，并且缺少专业性指导，活动的保障机制不完善，高职活动多半是学生起草和策划，缺少专业教师的指导和建议，活动意义不大，这些情况都大大地挫伤了学生参与校园文化活动的积极性和主动性。

其次，高职校园文化氛围熏陶不足也导致社会主义核心价值观不能很好地融入高校工作当中。文化的传播具有潜移默化的作用，高职院校的校园文化氛围不浓厚，这就直接导致学生对社会主义核心价值观的理解不够深入和贯彻。很多高职院校只顾加强管制制度，工作重心放到提高学生的就业率上，辅导员和教师关

注点在于提升学生的专业技能，忽略了文化和思想的培育，这导致学校的文化氛围不浓厚；有些高职院校思想上重视，但缺少手段和措施落实政策，导致思想文化宣传工作进行不顺利；还有些高职院校进行了众多面子工程，只走形式主义活动，并未真正落实弘扬社会主义核心价值观，加强学生的思政教育理念。这些都成为社会主义核心价值观融入高校教育教学工作过程中的重要阻碍。

（二）多元价值观的冲击是普及社会主义核心价值观的主要制约

青少年处于思想的成长期，抵御诱惑和价值判断能力较弱，这都在一定程度上影响了高职学生对价值观取向的不稳定性。在我国的现阶段发展过程中存在着社会贫富差距悬殊，西方文化的流入和传播、传统文化尚待大力继承、发展社会保障体系以及价值观体系不健全、偏激和极端文化的传播等问题，这些都导致高职学生对文化选择、思想选择、价值观选择的迷茫。尤其是在改革开放的今天，多元化的文化价值观导向对我国的社会主义核心价值观有着很大的冲击性，增多了高职学生对价值观念的选择的同时，也削弱了当代青年对社会主义核心价值观的认同。尤其表现在面对社会上众多的金钱利益的诱惑时，思想立场不坚定，没有把国家放到个人利益之上，容易被利益和金钱蒙蔽心灵，从而误入深渊。

互联网上的良莠不齐的思想潮流的冲击正在逐步吞噬青少年不健全的思想价值观体系。网络上传播的各种"新颖"思潮，例如自由主义、民族主义和功利主义等思想，不断侵蚀着青年大学生的灵魂，一些别有用心的人恶意利用各种主义煽动大学生群体的情绪，加上互联网上冗杂的不良信息传播，极其容易造成社会不必要的动乱。另外，高职学生普遍以技术型为主，实践能力强，但知识储备较少，年龄低社会阅历少，追求创新和刺激，对新鲜事物怀有好奇心，敢于探索和尝试，长期活动在互联网上的各种价值观思想会对正在形成价值观的青年大学生产生恶劣的影响，不利于社会主义核心价值观的弘扬和发展，影响青年大学生对意识形态的定义，制约了高职院校落实促进主流价值观发展的脚步。

（三）宣传教育方式单一是普及社会主义核心价值观的重要牵绊

我国高校落实党和国家对弘扬社会主义核心价值观的政策实施效果不明显的主要原因之一在于高校的宣传教育方式传统单一，缺乏实践活动意义，具体可从两个方面展开阐述。

一方面，高职院校的文化思想宣传方式单一且传统。一般高职院校的宣传途径为设立思想政治理论课程、海报和网络宣传等途径。将思想政治理论课程作为推荐宣传教育方式的主要途径和场地，纯粹的思想理论灌输效果差，缺少互动沟通，学生学习积极性不高，课堂内容枯燥无味，未将政治思想教育生活化，没有落实到人民群众当中去，学生缺乏理论实践体验，无法利用主流价值观进行价值判断，课堂满堂灌的说教方式将社会主义核心价值观高高挂起，脱离人民群众，这种宣传教育方式使得社会主核心价值观仅体现在原则和精神思想上的认知，并没有真正地落实到解决生活和学生的具体问题上。海报和网络途径的宣传中，内容单一，枯燥无味，同样无法让青年学生切身感受到社会主义核心价值观的实用性，同样这些方式对弘扬主流价值观的效果都不理想。

另一方面，教育教学活动缺乏实践意义，感化效果差。对比以上几种方法而言，开展教育教学活动是弘扬社会主义核心价值观的不错选择，但是同样存在着不少缺陷和问题，一般学校实践类活动都由学生起草主持，缺乏专业性的指导，实践意义不大，有些学校的思想教育活动是由老师带领，但教师也存在对社会主义核心价值观理解不够深入、不够透彻的情况，不能用简练明了的语言讲述社会主义核心价值观的本质，这就导致了高职院校的教育文化宣传工作效果不明显，感化熏陶效果受到了一定的限制。

三、社会主义核心价值观融入高校学生工作的策略

（一）建设良好育人环境为弘扬社会主义核心价值观提供重要途径

高职院校将社会主义核心价值观有效地融入高校工作中，其中建设良好的育人环境是基础，有了大环境下的熏陶，高校思政教育工作才能有条不紊逐步开展。职业院校建设优良的文化校园环境可从以下两个方面开展工作，具体如下。

一方面应将社会主义核心价值观融入社交网络当中。信息科技发展的时代，不能忽视互联网的宣传渠道，职业院校在发展高

校思政网站和网络课堂的基础上，要结合当代学生对互联网的需求，加强与学生的网络互动。青年大学生一般活跃在各类社交网站中，职业院校可在各大社交网站建立官方的宣传媒体，利用风趣幽默的视频和诙谐的图片增进与学生的交流，加强与学生的互动，在不断的沟通和交流中，创新网络宣传方式，改进宣传内容和渠道，将社会主义核心价值观融入社交网络中。

另一方面应将社会主义核心价值观融入校园文化环境当中。当前时代大背景下，对于环境基础设施的要求往往局限在布局是否合理、风格是否统一、环境是否优美，往往会忽略基础设施的文化作用，高职院校应该重视校园文化环境的建设是否体现了文化作用，将思想文化融入基础设施建设中，用服务设施和文化环境潜移默化地弘扬社会主义核心价值观。

（二）加强思想教育观念为弘扬社会主义核心价值观提供持久动力

目前我国的职业院校都设有思政教育的课程，但是仍存在很多问题，为了更好地将社会主义核心价值观融入高校教育工作中，进一步加强思想教育观念才能更好地为高校教育工作保驾护航。

首先，思政课应加强落实社会主义核心价值观的教育意义。高校设立思政课的意义是为了帮助青年大学生树立正确的价值观念。在职业院校中，设立思政课程是思想政治宣传教育的主要渠道和主要阵地，这就对授课老师有着严格而全面的要求，教师应全面地领会社会主义核心价值观的理论意义，社会主义思想掌握全面，引经据典的同时需要将社会主义思想与当前的时政相结合，采用多媒体教学工具进行案例分析和讲解，将社会主义思想与学生息息相关的生活相靠拢，加强学生对社会主义核心价值观的兴趣和认定。

其次，其他专业课程教学中适当贯彻社会主义核心价值观的教育意义。职业院校培养学生的重中之重就是掌握专业知识和技能，提高专业素养，思想修养和价值观养成是学习掌握专业技能的理论基础，教师应将社会主义核心价值观贯彻到日常专业知识和专业技能的教学当中，将价值观立足于实际生活，让学生在学习知识的同时能够感受到社会主义核心价值观的时代性和先进性，不仅能大幅度地提升教学的专业水平，又能潜移默化地感染学生，让学生认同主流价值观并在生活中践行价值观。

（三）创新实践教育方式为弘扬社会主义核心价值观提供多元选择

实践活动往往比课堂理论教学更能直观地表现出社会主义核心价值观对日常生活的影响以及行动的引导，而实践活动的落实也是检验理论观点的标准。因此，职业院校应将核心价值观充分地融入实践活动当中引导具体的实践操作，最后检验实践的成效，要以理论指导实践，用实践落实和建设理论，促成职业院校实践活动的良性循环。以下将从学校管理工作中、社会服务实践活动以及就业岗位实践活动三个方面分别探讨创新高校教育方式的具体策略。

第一，在学校管理工作当中，要尊重学生的个体化差异，让学生充分地参加到日常的管理和工作当中，切实关注学生的利益需求。在学校的日常管理工作中，让学生得以用类似学生会的学生组织的方式参与到学校的管理工作当中，鼓励支持学生对教师的管理工作发表自己的意见和建议，并对建设性意见公开讨论，用社会主义核心价值观规范自身行为，对多数青年学生具有一定的示范作用。

第二，经常性地开展社会服务实践活动，将社会主义核心价值观融入社会服务实践活动当中，根据不同年级、不同专业的学生制定专门的实践活动。例如，一些走进养老院关爱老人、关心残障人士、探究优良传统文化等各类社会实践活动，让学生学会承担起应该承担的社会责任，增强社会责任感，在一次次的社会实践活动中践行社会主义核心价值观，学会关爱他人。

第三，参与就业岗位上的实习实践活动。对于以上两种实践活动而言，就业岗位上的实习更为真实和贴切实际。岗位就业实习在我国现阶段的企业实习中分为顶岗实习和挂职实习等多种形式，无论是在哪种实习形式中，学生都应学会如何将社会主义核心价值观贯彻落实到具体的工作实践当中，在工作中感悟核心价值观的内涵，将价值观与实践相结合，学会用核心价值观引导工作，在团队合作中，学会聆听，相互配合共同完成工作目标，在工作中遇到困难要发扬艰苦奋斗和乐观主义精神，在不断克服困难中锻炼自己，培养吃苦耐劳和勤劳勇敢的优秀品质，增强团队协作意识和社会责任感。

四、结束语

职业院校的学生工作要正视社会主义核心价值观走进校园存在的问题和现状，在不断地探索和实践中实现真正意义上的将社会主义核心价值观融到职业院校的工作当中，在不断的实践中弘扬我国的主流价值观，促进当代青年大学生思想素质的提高，同时也提高我国职业院校的办学质量。

论马克思主义的伟大胜利^①

一、作为人类思想文化的精华，马克思主义仍是当今世界最具指导力的科学理论

马克思主义自诞生以来，其科学性、真理性、生命力、指导力已经得到实践充分证明。马克思和恩格斯都是学识渊博、思想敏锐、敢于批判、善于总结、勇于创新的思想家、哲学家、经济学家和革命家。他们站在人类智慧的最高峰，深入研究并批判地继承吸收人类所建树的一切优秀思想文化成果，尤其是批判地继承吸收德国古典哲学、英国古典政治经济学和英法空想社会主义的合理成分，深刻分析资本主义的内部矛盾，亲身参加、指导并总结工人阶级斗争经验，总结概括时代发展的最新成就，深刻揭示了人类社会发展规律，深刻阐明了社会主义代替资本主义的历史必然性，创立了马克思主义，为无产阶级及其政党指明了奋斗

---

① 作者简介：许尚立，重庆工业职业技术学院。

的方向，提供了科学的世界观和方法论。

马克思、恩格斯对待科学研究极其严谨。据统计，在伦敦博物馆藏书中，马克思阅读过1500多种书籍，他所摘录的内容和整理的笔记有100余本。马克思对学问刻苦钻研、精益求精，撰写、整理、编辑出版《资本论》第1卷用了20多年的时间。马克思严谨甚至严苛的治学态度，就连他的反对者也十分称赞。马克思逝世后，恩格斯肩负起了马克思的未竟事业。恩格斯为《资本论》第1卷德文第三版和第四版、英文版以及第2卷尤其是第3卷的编辑出版等工作付出了艰辛的劳动，由于《资本论》第3卷只有一个初稿，且极不完全，恩格斯进行了大量研究、整理、撰写和增补工作，1885年出版第2卷，1894年10月出版《资本论》第3卷。正是恩格斯严谨而出色的工作，才使《资本论》第3卷第一次以完整著作形式问世。对于恩格斯的这一无私行为，列宁说："恩格斯出版《资本论》第2卷和第3卷，就是替他的天才朋友建立了一座庄严宏伟的纪念碑，无意中也把自己的名字不可磨灭地铭刻在上面了。"

任何一种理论，都必须接受实践标尺的检验。马克思主义以全人类解放和人的自由全面发展为根本价值取向，科学分析了人类社会发展演变的5种社会形态。马克思主义的基本理论和科学方法不仅成功地被中国等国家的无产阶级政党用于指导革命和建设的实践，也被西方资产阶级用于解决自身面临的一系列问题。在西方学界，马克思至今仍然拥有崇高的地位，从1999年7月到2005年12月，马克思先后三次被评为过去千年最伟大的思想家或古今最伟大的哲学家。2008年金融危机后，《资本论》在德国、英国等西方国家再次成为畅销书。这正如列宁所说："马克思主义这一革命无产阶级的思想体系赢得了世界历史性的意义，是因为它并没有抛弃资产阶级时代最宝贵的成就，相反却吸收和改造了两千多年来人类思想和文化发展中一切有价值的东西。"①

马克思主义的影响是全球性的。自1848年《共产党宣言》公开发表以来，先后被翻译成200多种文字，出版过1000多次，成为全球公认的"使用最广的社会文献"，马克思主义在世界范围产生了持续的巨大影响，马克思也赢得了无产阶级革命导师和领袖们的崇高评价与赞誉。恩格斯评价马克思时说："我们之所以有今天的一切，都应当归功于他；现代运动当前所取得的一切成就，都应归功于他的理论和实践的活动；没有他，我们至今还会在黑暗中徘徊。"②列说："马克思是19世纪人类三个最先进国家中的三种主要思潮——德国古典哲学、英国古典政治经济学以及同法国所有革命学说相联系的法国社会主义——的继承者和天才的完成者。"③是"现代无产阶级伟大导师"。④毛泽东评价马克思列宁主义是"放之四海而皆准"的理论。习近平总书记指出："在人类思想史上，就科学性、真理性、影响力、传播面而言，没有一种思想理论能达到马克思主义的高度，也没有一种学说能像马克思主义那样对世界产生了如此巨大的影响。"⑤作为一种伟大的科学信仰，马克思主义没有随着时间的步伐而湮灭于历史长河之

---

① 列宁选集（第4卷）[M]. 北京：人民出版社，1995：299.

② 马克思恩格斯选集（第4卷）[M]. 北京：人民出版社，1995：655–656.

③ 列宁选集（第2卷）[M]. 北京：人民出版社，1995：418.

④ 列宁选集（第1卷）[M]. 北京：人民出版社，1995：90.

⑤ 习近平. 习近平谈治国理政（第2卷）[M]. 北京：人民出版社，2017：65.

中；相反，170年来，马克思主义已经极大地改变了世界。

总之，马克思主义不是离开世界文明发展史而创立的封闭、僵化的理论，而是在吸收了人类几千年发展过程中，形成的思想文化的精华和对血腥资本主义的深刻揭露和批判的基础上，创立的完整、严密、科学、开放的理论体系，是迄今为止世界上无可替代的最具影响力、指导力的科学思想理论，马克思也赢得了人类历史上最伟大思想家的崇高地位。

二、"马克思热"在西方经久不衰，马克思主义科学价值不容否定

东欧剧变后，欧美统治阶级兴高采烈，弹冠相庆。他们认为，马克思主义和社会主义都终结了，一个属于资本主义的黄金时代开始了。1992年，美国学者弗朗西斯·福山在《历史的终结及最后之人》的序言中说："自由民主制度也许是'人类意识形态发展的终点'和'人类最后一种统治形式'"[①]，并认为人类社会的发展模式，就是一部"以自由民主制度为方向的人类普遍史"[②]，"资本主义自由民主国家"乃是人类社会发展的"终点"[③]。他认为，苏联解体、东欧剧变、冷战结束，标志着共产主义终结。实际情况如何呢？自20世纪90年代中期起，"马克思热"在英法德美等

---

① [美]弗朗西斯·福山.历史的终结及最后之人[M].黄胜强等译.北京：中国社会科学出版社，2003：1.

② [美]弗朗西斯·福山.历史的终结及最后之人[M].黄胜强等译.北京：中国社会科学出版社，2003：54.

③ [美]弗朗西斯·福山.历史的终结及最后之人[M].黄胜强等译.北京：中国社会科学出版社，2003：327.

主要资本主义国家一再兴起，"马克思主义大会""世界社会主义大会"等定期召开，英国的《卫报》《泰晤士报》《金融时报》和美国的《时代周刊》等主流媒体，频繁出现关于马克思的文章。2008年金融危机后，《共产党宣言》《资本论》等在西方热销，电视、网络等媒体频繁出现马克思的名字。2018年5月5日，《欧洲时报》报道，为纪念马克思诞辰200周年，欧洲举办了近300场相关活动。5月5日，5.5米高的马克思雕像在德国特里尔市举行揭幕仪式，并举行了盛大纪念活动。事实表明，马克思主义魅力依旧。没有马克思主义对资本主义的全面解剖和深刻批判，资产阶级决不会收敛其狰狞恐怖的真容而披上"温情脉脉"的面纱并进行变革；没有马克思主义的指引，就不会有20世纪上半叶社会主义国家的纷纷建立；没有马克思主义在中国的第一次飞跃即毛泽东思想的创立，就不会有中国革命的伟大胜利；没有马克思主义在中国的第二次飞跃即中国特色社会主义理论体系的创立和发展，中国特色社会主义事业就不可能取得巨大成功；没有马克思主义，当今世界的许多重大共性问题就无法解决，世界就不会相对和平、安宁。

"马克思热"在西方一再出现，其原因主要有两个方面。

一是缘于马克思、恩格斯的伟大人格力量。马克思、恩格斯的人格力量来源于立志为解放全人类的信仰奋斗终身。从青年时期树立这一伟大理想开始，马克思终身未变，哪怕终生贫困也义无反顾。本来，马克思可以过上富足的生活，只要他愿意到普鲁士政府做事，或者做大学教授，或者当律师，马克思及其一家都可以过得很好。但是，马克思坚定理想信念而甘于贫困，这一点恰恰体现了一个真正共产主义者的伟大人格。为了从物质上帮助马克思，保存共产主义运动"最优秀的思想家"，使《资本论》早日问世，恩格斯不得不继续开办他的工厂。如果不是恩格斯长期无私帮助，正如列宁所说的那样，马克思不但不能写成《资本论》，而且一定会死于贫困。事实上，因为贫困，马克思有3个孩子在童年时期死于伦敦。

1844年，恩格斯与马克思在巴黎相识，共同的信仰使他们走到了一起。他们合作了40年，友谊持续了40年。《资本论》的出版，就是两位革命导师友谊的结晶。恩格斯认为，能够同马克思并肩战斗40年，是一生中最大的幸福。在马克思恩格斯1000多封通信中，我们可以深切地感受到彼此的深厚情谊。他们的伟大友谊感天动地，这一点正如列宁所说："古老传说中有各种非常动人的友谊的故事……他们的关系超过了古人关于人类友谊的一切最动人的传说。"①恩格斯"对在世时的马克思无限热爱，对死后的马克思无限敬仰。这位严峻的战士和严正的思想家，具有一颗深情挚爱的心"。马克思恩格斯为理想而献身的崇高品格及其伟大友谊，为全世界无产阶级政党树立了光辉榜样，鼓舞着、激励着无数的革命者忘我奋斗、艰苦奋斗、无私奉献。在马克思主义指引下，中国共产党人抛头颅、洒热血，不畏艰苦，矢志不渝，为推翻"三座大山"、建立新中国付出了重大牺牲。我们一定要守护好无数革命先烈用鲜血和生命打下的江山，让马克思主义成为指引我们前进的永恒旗帜。

---

① 列宁选集（第1卷）[M]. 北京：人民出版社，1995:95.

二是缘于马克思主义的科学价值。在人类社会几千年的发展史上，虽然产生了许多杰出的思想理论学说，但是，没有哪一种理论能像马克思主义那样科学严谨又博大精深，科学揭示了人类社会的发展规律、资本主义的发展规律、无产阶级及其政党的革命规律；也没有哪一种理论能像马克思主义那样深刻地改变了世界的发展轨迹和面貌，并持续地影响着人类社会发展进程。列宁说马克思的观点极其彻底而严整，这是马克思的对手也承认的[①]。"马克思学说具有无限力量，就是因为它正确。它完备而严密，它给人们提供了决不同任何迷信、任何反动势力、任何为资产阶级压迫所做的辩护相妥协的完整世界观。"[②]资产阶级已经从过去大肆谩骂、仇视、攻击马克思主义，转而认真学习、研究和运用马克思主义，以维护其统治。事实上，马克思主义早已成为西方学者、政治家、企业家、银行家的必读书目之一。

"马克思热"说明，马克思主义的科学价值不容否定，地位不可动摇。2018年5月1日晚，在央视通俗理论对话节目《马克思是对的》中，中国人民大学副教授张晓萌转引存在主义大师萨特的话说："马克思主义是不可超越的，因为产生它的情势还没有被超越。"教育部高等学校社会科学发展研究中心主任王炳林教授引用美国经济学家罗伯特·海尔布隆纳的话说："要探索人类社会发展前景，必须向马克思求教。"法国的解构主义大师德里达认为，马克思主义拥有"不可超越的意义"[③]。美国的哲学家

---

① 列宁选集（第2卷）[M].北京：人民出版社，1995：418.

② 列宁选集（第2卷）[M].北京：人民出版社，1995：309.

③ [法]德里达.马克思的幽灵[M].北京：中国人民大学出版社，1999：36.

詹姆逊一向自称"马克思主义者",声言:"马克思主义是关于资本主义的科学,或者更确切地说,是关于资本主义内在矛盾的科学。"① 德国的哲学家哈贝马斯说:"马克思主义没有过时","我仍然是马克思主义者"②,他还认为:东欧剧变,并不意味着社会主义的失败,失败的只是苏联模式的社会主义,21世纪社会主义仍然有着广阔的前景③。的确,苏联解体、苏共灭亡,并非马克思主义之过;恰恰相反,是因为除列宁等个别领袖外,苏共领导人不懂得如何发展马克思主义,于是,苏共逐渐背离了马克思主义基本原则,忘了初心,丢了宗旨,背离使命,不再代表广大人民的利益,逐步蜕变为利益集团。为了使其利益合法化,他们在思想上蜕化、言论上丑化、政治上异化、宪法上弱化,加之西方和平演变,苏共逐渐丧失人心,最后丧失政权,苏联最终解体。

作为科学真理,马克思主义已经深刻地改变了人类社会的发展轨迹;作为一个开放的理论体系,马克思主义随着实践的发展而发展。马克思主义一直为东西方学界、商界和政界的人们所景仰、研究、借鉴和运用。正因为如此,马克思主义才具有崇高科学价值。马克思虽然逝世了135年,但其精神不死,思想永恒。

三、中国特色社会主义进入新时代,是马克思主义科学指导价值的最新、最好证明

① 陈曙光.国际金融危机后的"马克思现象"透视 [J].马克思列宁主义研究,2012(4):18.

② [英] 吉登斯.第三条道路:社会民主主义的复兴 [M].郑戈,译.北京:北京大学出版社,2000:166–167.

③ 陈学明,马拥军.走近马克思 [M].上海:东方出版社,2002:277.

从马克思主义传播到中国以来，中国共产党就庄严地把马克思主义写在了自己的旗帜上，从未动摇。中国共产党把马克思列宁主义基本理论与中国革命具体实际相结合，成功开创了中国革命的正确道路，取得了伟大胜利，彻底改变了中国近代长达百年的任由西方列强宰割的悲惨命运，建立了社会主义制度，为中华民族伟大复兴奠定了最重要的制度基础。中国革命的成功证明了马克思主义的科学指导价值。

东欧剧变以后，西方学界、政界叫嚣社会主义"历史终结了"，并将让位于资本主义这个"最后的社会制度"。然而，2008年金融危机以来，西方国家经济增长乏力、债务日益扩大、贫富差距拉大、民粹主义抬头、全球制造事端与冲突，凸现资本主义制度性缺陷无法克服；与此相反，中国特色社会主义事业经受住了东欧剧变和全球金融危机的严峻考验并展现出勃勃生机，取得了全方位、开创性的巨大成就。目前，中国建立了39个工业大类、191个中类、525个小类的行业齐全的工业体系，是全世界唯一拥有联合国产业分类中全部工业门类的国家。除芯片技术、半导体设备、高端数控机床、航空航天等少数领域还落后于主要资本主义国家外，在互联网＋、超级计算机、量子通信、3D打印技术、激光技术、特高压技术、电磁弹射及电磁炮技术等数十项工业和科技领域取得了领先优势。我国经济实力、科技实力、军事实力与主要资本主义国家之间的差距显著缩小，综合国力位居世界前列，国际竞争力、国际影响力和国际话语权显著提升。面对中国40年的持续快速发展、取得的巨大成就以及中国特色社会主义的生机与活力，那些为资本主义大唱赞歌的学者不得不反思，不得不重新认识、研究马克思主义和社会主义。2014年6月，福山在《历史的终结与最后的人》新版序言中写道："唯一确定可与自由民主制度进行竞争的体制是所谓的'中国模式'"，"纵然我们会质疑，要多久全人类才能抵达那个终点，但我们不应怀疑某种社会形态就挺立在历史的终结处。"[①] 这里，福山用了"某种社会形态"的表述，这说明他已经修正了曾经认为西方资本主义制度是人类历史终结的观点；或者说，他已经在一定程度上默认了马克思主义关于人类社会发展规律的正确性，这是福山思想的进步。

　　改革开放以来，在世界社会主义事业遭受重大挫折的情况下，中国共产党毫不动摇地高举马克思主义旗帜，既不封闭僵化，也不改旗易帜，把马克思主义的基本理论与中国的具体实际相结合，成功开创并发展了中国特色社会主义，创立了包括邓小平理论、"三个代表"重要思想、科学发展观和习近平新时代中国特色社会主义思想在内的中国特色社会主义建设思想，实现了马克思主义中国化的重大理论飞跃，取得了举世公认的现代化建设的伟大成就，实现了从贫穷到富裕、从站起来到强起来的伟大实践飞跃，党的面貌、国家的面貌、人民的面貌、军队的面貌和中华民族的面貌发生了历史性巨变，中国特色社会主义活力和生命力日益旺盛。改革开放以来，无论是坚持把马克思主义基本理论与中国具体实际相结合，走自己的路，建设中国特色社会主义，还是倡导和平共处五项原则，倡导并推动对人类和平与发展

---

① 赵奇.历史终结论的哲学批判[N].学习时报，2015-08-20.

影响深远的"一带一路"倡议和人类命运共同体思想，都说明中国共产党对社会主义建设规律、共产党执政规律和人类社会发展规律的认识达到了全新的高度。中国声音、中国方案得到了国际社会的广泛响应，显著地提升了中国的国际地位。最近十年来，中国已成为世界经济发展的主要贡献者、国际合作的重要推动者、世界和平的坚定捍卫者、国际秩序的重要维护者、人类命运共同体的倡导者和推动者。中国前所未有地推动着双边、多边外交，前所未有地推动着国际事务合作共赢，前所未有地推动着世界和平发展进程，前所未有地走进世界舞台中央，前所未有地接近民族复兴的伟大梦想，中国特色社会主义进入了新时代。中国特色社会主义事业的成功，再一次证明了马克思主义的科学指导价值。

中国特色社会主义进入新时代，意味着在中国共产党的领导下，中华民族伟大复兴的光明前景正在变为现实，意味着中国故事、中国声音、中国方案被世界的关注度和认可度前所未有，意味着中国的一言一行对世界的重要性前所未有，意味着中国的国际影响力前所未有。这是改革开放的新胜利，是中国特色社会主义的新胜利，是中华民族的新胜利，是中国共产党的新胜利，也是马克思主义的新胜利。中国特色社会主义事业的成功发展证明中国共产党是一个自信、坚强、成熟、信仰坚定并得到人民拥护的马克思主义政党，是一个最善于学习与运用、继承与发展、创新与超越的马克思主义政党。中国共产党无愧于无数革命先烈的流血牺牲，无愧于老一辈革命家开创的伟大事业；不愧是马克思主义的忠实继承者、主要发展者和坚定捍卫者，不愧是中国特色社会主义事业的领导核心。马克思主义的中国化，使马克思主义在中国展现出了巨大生机与活力，成为引领民族复兴不可动摇的伟大旗帜。随着中华民族伟大复兴中国梦的实现，马克思主义最终将说服那些不相信社会主义的反马克思主义者和一切怀疑论者。

我国已开启中国特色社会主义现代化建设新征程，我们要继续高扬马克思主义伟大旗帜，坚持以马克思主义中国化最新成果即习近平新时代中国特色社会主义思想为指引，朝着中华民族伟大复兴的中国梦奋勇前进，"让马克思、恩格斯设想的人类社会美好前景不断在中国大地上生动展现出来"。

大学校园安全与秩序管理[①]

——大学的信息安全管理

进入21世纪以后，随着我国经济建设和科学事业的快速发展以及人们日益增长的物质文化生活的需要，信息这一概念愈来愈深刻地植入人们的思想当中，也愈来愈深入地渗透到各个领域。在它给我们带来巨大财富的同时，也在不同程度上带来了不可忽视的安全隐患。

一、浅析高校信息安全隐患因素

随着我国教育体制改革的不断深化，高校为了谋求新的发展，在积极打造前瞻性精品课程和引进新型人才的同时，不断地开拓新的建校理念和多形式地邀请国内外专家来校授课并开展学术交流活动；高校教师为了进一步提升自身的教学能力和学术水

[①] 作者简介：李婴，重庆工业职业技术学院。

平，一方面积极地寻求出国参观学习和留学深造的机会，另一方面又积极地寻求参与科研课题的途径；自2019年招生制度改革以后，在校学生人数不断攀升；由于互联网的普及，师生获取和传递信息的速度与频率加快，手段也多样化。综合上述情况，高校在推进改革和发展的进程当中，相对应地也将面临新的情况和新的问题。其中，具有时代特性的信息安全隐患因素不可避免地显现出来，其表现形式为以下三个方面。

（一）发表论文方面

由于开展和参与科研课题的研究能获得比较理想的奖项，论文也能发表在等级较高的期刊上。所以，有的学者只注重良好的结果而未注重安全性。故造成论文的数据对国家的经济建设产生不良的影响。

（二）专业特性方面

依据我校近年学生赴境外参加国际性比赛，教师出国指导培训当地企业员工的实际情况，他们与境外的接触机会较多。在这种广泛与不同文化和制度的国家接触的氛围里面存在着超出安全管理的因素。

（三）其他因素方面

主要表现为师生个人思想意识问题、互联网获取或传播不良信息问题和敏感时段的问题等。

二、为维护高校稳定，建立健全信息基础机制和完善信息资源建设

为维护高校稳定，确保有一个良好的教学、科研、学习和生活秩序，建立健全信息基础机制、完善信息资源建设十分重要。

（一）建立健全信息基础机制

建立健全高校信息基础机制，直接关系到信息工作的发展和质量问题。因此，必须把它放在学校建设的重要位置上来抓。（1）建立校级信息安全领导小组，确定校方安检工作人员的编制；（2）确定二级单位的工作机构和人员编制以及基础设施建设；（3）制定严格的信息安全管理措施，加强教育、指导、监督和审查力度；（4）充分利用学校资源，与外事办、科研处和各二级学院等建立工作关系，积极推动信息工作的开展；（5）构建信息平台，建立教职员工和学生信息员队伍，及时收集信息情况；（6）实施长远数字化管理，健全各类调查数据、电子台账和书面档案资料；（7）加强与当地社区和辖区派出所的联系，了解和掌握周边居民的分布情况，以及商业门市、旅馆、茶楼等情况。

（二）完善信息资源建设

信息资源建设主体上应包含以下三个方面：教师信息工作队伍建设和人员素质要求、学生信息员队伍建设和素质要求以及基础设施建设。教师信息工作队伍主要负责：（1）搜集与学校有关联的互联网网站舆情；（2）利用互联网和手机通信方式与学生信息员保持联系，及时交办工作任务和搜集反馈信息；（3）与教职

员工保持联系，建立感情和增进友谊，及时掌握动态情况；（4）与学生进行主动接触和交流，及时了解和掌握大学生的思想动态。上述工作须做到分工明确，责任落实到人。

为了确保校园平安稳定，及时有效地扩大信息量的收集，建设一支学生信息员队伍是非常重要的。一所大学的学生信息员人数究竟需要多少，可以依据本校实际情况来确定。根据我校的实际情况，建议每学期通过年级老师推荐10人左右，组建成该年级学生信息员队伍为宜（从提高工作效率考虑，具备电脑和手机的学生作为首选条件。同年级和同专业的5人编为一个小组。男女生比例可根据需要确定）。从一名普通大学生逐步成为一名素质良好的学生信息员，除了年级老师推荐外，还需要从三个方面进行培训，使其成为合格的信息人员。首先，要对他们进行基本的业务培训，重点围绕校园的政治环境、治安状况、消防任务和教学、科研以及后勤管理等方面展开。在培训过程中，为了能够调动信息员的热情和增加重视程度，可将近年来学校发生的比较有代表性的案例告知学生。其次，要对他们进行安全方面的教育，并教给在收集信息任务中需要掌握的方式方法。最后，经过培训后的新生信息员在大学一年级的第一个学期内要进行工作训练，其方式是每个月通过手机短信或互联网设置的独立通道进行3次以上的训练（也可组织观看影像资料）。目的是让学生信息员知道，在校读书期间除了完成专业课程的学习外，还有一项工作任务要去完成。

（三）基础设施建设

从信息获取手段来讲，在人员建设完善以后必须要加强基础设施建设。最基本的建设条件是办公室2间；互联网信息采集设备1台；台式电脑3台（其中，观察互联网舆情1台，与学生信息员通信联系1台，储存电子资料1台）；电脑打印机2台；笔记本电脑1台；便携式摄像机1个；数字照相机1个；微型录音笔1支；每年保障一定数额的工作经费。

三、为创建平安校园，加强信息收集和信息安全管理工作

为创建平安校园和维护高校稳定，在建立健全信息基础机制和完善资源建设的基础上，加强信息收集和信息安全管理工作是我们最终要实现的目标。

（一）信息收集工作

高校信息收集工作总体上按照三种形式开展。

1. "常态性收集"是在日常情况下收集的信息。信息来源：一是从互联网舆情中获得；二是从教职员工朋友处获取；三是来源于学生信息员。2. "指导性收集"是在某个敏感时段内，根据上级有关部门要求所收集的信息。在收集信息时一方面要关注与学校有关联的互联网舆情；另一方面需要学生信息员和各学院年级老师的配合。如"3.14""7.5"敏感时段等。3. "特殊性收集"是在上级专项调研工作的指导下开展的信息调研工作。因为工作内容具有它的局域性、特殊性和重要性。因此，在开展工作前要拟订工作方案和计划。在收集信息时仅需要科研处和外事处等有关部

门的配合。

（二）信息安全管理工作

高校信息安全管理工作需要采取双向联合的管理模式，即校方和保卫处双向联合管理模式。

1. 校方信息安全管理

校方的信息安全管理应包含六个方面：（1）定期对二级单位的信息安全人员进行国家安全知识的培训和考核，并签署安全保密责任书；（2）定期检查二级单位办公设备的安全性和可靠性，如对传真机、复印机和碎纸机等设备的检查，并强调办公用微机必须与互联网分开；（3）建立校园网信息平台，及时收集教职员工和学生的意见及建议；（4）人事处和财务处在校园网上发布的有关信息要采取防范措施；（5）外事处要加大对出国人员的安全教育和防范技能的培训；（6）学校安全领导小组应保持与科研处和校方学术委员会的联系，加大对科研项目、科研经费和学术论文的审查力度。

2. 保卫处信息安全管理

（1）对通信设备和信息员的管理。由于手机和微机（笔记本电脑）的普及，我们开展信息调研工作较之前几年方便了许多。也正因为如此，学生信息员在拥有良好的通信条件下，安全防范工作就显得非常重要。在防范措施上要求信息员手机不离身，若更换手机号码或手机丢失要及时向工作人员报告；手机短信阅读完毕后要立刻删除；互联网特设的联系通道，在信息传送完毕后要将内容立即删除不留痕迹。

（2）对设备和技术的管理。在互联网上观察舆情的微机可以不用加密，但与学生联系的互联网微机和书写材料并储存电子资料的微机必须加密；其他人员禁止使用信息办公设备；便携式摄像机、数字照相机、微型录音笔，需专人管理不外借；互联网信息采集设备专人管理，平时注意维护保养。

（3）电子和书面材料的管理。办公室储存电子资料并书写材料的微机除开机加密外，还应对微机内保存的个体单项资料进行加密，实行双重加密管理；为了检索快捷，办公用微机存储的电子资料应按年度、上报部门和类别分别保存在不同的文件夹内；为了防止和避免微机故障造成信息资料的丢失，每次完成书面材料后需再打印一份进行保存，至年终汇总装订成"年度工作汇编"入库保存；信息工作人员的日记本以年度为节点上交信息科保存。

（4）专案调查工作的管理。参加专案调查工作的人员必须保持高度的责任心，要严格按照调查方案制订出对应的工作方案和计划。对调查的内容和工作对象要进行严格的保密。所形成的书面调查报告，要派专人上报至指定部门并做好登记、归档和封存。

（5）互联网舆情的监控管理。由于互联网获取信息便捷、快速，其已是在校大学生获取专业参考资料的重要途径之一。但是，在大学生获取资料的同时，不良信息的影响也同时存在。突出表现为有的大学生在面对不良信息时不是采取回避的态度，而是自己观看后再传送给其他学生观看。甚至，有的学生还传教"翻墙"下载方式，即通过"在线代理"对话窗口输入关键词搜索某些网站，观看禁止的内容。因此，作为高校网络监控工作人员，在技术上不仅要有超常的本领，而且还要全面地掌握学生长期登录和留言的各类网站。在平时的工作中除认真查看网站内容外，在敏感时段内要24小时进行监控。发现问题及时向校方和有关部门报告，并按要求采取处理措施。

大学生素质教育科学意蕴与丰厚内涵^①

党的十九大报告中提出"要全面贯彻党的教育方针，落实立德树人根本任务，发展素质教育，推进教育公平，培养德智体美全面发展的社会主义建设者和接班人"，^②全国教育大会进一步完善为"培养德智体美劳全面发展的社会主义建设者和接班人"。^③从"实施素质教育"到"发展素质教育"，这是新时代基础教育改革发展方向上的重大变化，也是今后相当长时期内我国教育的一项中心工作。"素质教育"一词于20世纪80年代中后期在我国首次被提出，但素质教育的思想却源远流长，并不仅限于中国国内，也不仅限于现当代。学者普遍认为，素质教育思想的起源在中国可追溯至先秦时期，在西方则可追溯至古希腊时期。我国素

---

① 作者简介：许尚立，重庆工业职业技术学院。

② 习近平.决胜全面建成小康社会 夺取新时代中国特色社会主义伟大胜利——在中国共产党第十九次全国代表大会上的报告 [N]. 人民日报，2017–10–28.

③ 习近平.培养德智体美劳全面发展的社会主义建设者和接班人 [N]. 人民日报（海外版），2018–09–11.

质教育理论在形成与发展过程中吸收了诸多教育思想的营养（教育思想指对教育现象的认识。主要包括教育主张、教育理论、教育学说。大致可分两个层次较为零星的、不太系统的教育思想和较为系统、严密的教育思想），例如，全面发展教育、人本主义教育、主体性教育、个性教育、全民教育、教育民主化、终身教育、教育国际化等思想，其中全面发展教育思想、人本主义教育思想、主体性教育思想、个性教育思想四种思想对我国素质教育的影响最大。

一、正确认识大学生素质教育需要把握以下问题

（一）知识、能力、素质三者之间的关系

起初高等教育比较重视传授知识，进入工业化社会后，面对新科技革命的发展，人们逐渐意识到培养人的综合素质的重要性；高等教育的重心也转向了能力的培养。众所周知，教育必须适应社会和科技的发展，从这一角度来分析强调素质培养的思想是有深刻道理的。但是，我们不能把素质与知识和能力分离开来，它们三者是相互影响、相互作用的。知识是能力和素质的基础，没有知识作为前提，能力的形成只能是一句空话，素质的形成更无从谈起。人的能力的形成以人的知识的掌握为基础，一个人的能力越强则获取知识的能力就越强，有人认为，人的能力和知识的比例应该是5∶4。素质、知识、能力三者当中，素质处在更高的层次，在人的成长过程中素质在人的发展和对社会做出的

贡献方面起着核心作用。[①] 在传授知识、提高能力和培养素质三个方面，只有把培养素质放在重要的地位，才能适应经济和社会发展的大趋势。

（二）大学生素质教育针对性比较明显

有学者指出，对我国高等教育现状的认识，要一分为二。一方面，我国高等教育已经有了一定规模，有一套较为完整的教学、管理和思想政治工作体系；另一方面，还有许多地方不能适应社会主义市场经济，不能适应当代科技发展的趋势，还存在不少缺陷。强调大学生素质教育主要是针对现有教育的以下缺陷而言的：第一，专业划分过于狭窄，知识结构分割过于细致，导致长期以来学生的学科视野具有很大的局限性，具体表现就是学理科的学生的社会学科知识很贫乏，学文科的学生在自然科学知识方面相对较弱。第二，文化陶冶的偏弱，使大学生的人文素质、文化底蕴在某些方面落后于时代的发展和社会的进步。长期以来，人文教育在非文科教育中地位相对偏低，基本上停留在几门政治课上。大学应是精神文明建设的辐射源，目前的状况与这一要求很不相称。第三，功利导向的过重在培养大学生全面素质和扎实的基础训练方面影响很大。首先，在大学生寻找工作、提高社会适应能力、改变自身在社会中的地位等方面，教育表现出一定的功利性；其次，培养教育在人的情操、拓宽人的视野、坚定人的理想目标、提高道德素养、积累文化知识、构建和谐的人际关系、开发人的大脑、培养创造性思维等方面具有很强的非功利

---

① 蒋宗礼. 重视专业能力培养 落实本科教育面向未来的基本要求 [J]. 教学研究, 2011（10）.

性。教育通过提高人的素质间接地推动社会的发展。在高等教育的过程中对教育非功利性的忽视必然会削弱教育的教化作用，影响教育的教育效果，导致教育精神目标不明确，学生在人类与社会的整体观念以及对社会的责任感方面责任心不强，缺乏做人与做事的深厚根基。第四，大学生的个性发展受到很多原则的共性约束，长期以来影响大学生全面发展。目前教育存在一种重共性轻个性、重一致轻多样的偏向，如果用千篇一律的标准考核、要求学生，会阻碍学生的个性发展。第五，在现实教育中，片面教育严重影响学生的健康发展。例如，搞德育的忽视智育的发展，搞智育的忽视体育的发展，严重忽略了教育的出发点和落脚点必须放在提高人的全面素质上。第六，高等教育中教师对学生实行单向灌输，忽视了教育过程中学生的主动参与。

（三）深刻把握大学生素质教育的精神实质

大学生素质教育是指以德育教育为核心，以提高学生综合素质、培养学生创新精神和实践能力为重点，造就适应社会发展需要的高级专门人才，从而最终能够实现人的全面发展的教育。有学者指出，高校实施素质教育，是全面贯彻党的教育方针的必然选择，概括来说大学生素质教育主要包括以下方面的重要内容。

1. 大学生道德素质教育。道德素质具有丰富的思想内涵，包括高尚的社会公德（主要包括文明礼貌、助人为乐、保护环境）和良好的职业道德（主要包括办事公道、诚实可信、爱岗敬业、奉献社会等），正确的世界观、人生观、价值观，文明的行为美德（主要指爱护公物、文明行为举止）等。道德素质教育对高等院校中对大学生的培养和发展起着重要的导向、动力和保障作用。目前把德育与素质教育有机地结合起来是加强和改进高校道德素质教育的关键，使之在大学生全面发展的过程中起到核心保障的重要作用。因此，必须切实加强大学生道德素质教育。

2. 大学生人文素质教育。人文素质是指人们在人文方面所具有的综合品质（具有一定的人文社会科学知识、较高的人文美学修养）或达到的发展程度。人文素质从广义来说指一个人成其为人、发展成为人才、内化于主体的精神品格。这种精神品格在宏观方面综合表现为民族精神中的精神文化，同时也体现出了人的气质和价值取向。从狭义来说指内化于人的人文知识和技能。

3. 大学生创新素质教育。大学生创新素质教育主要体现在强烈的创新意识、显著的创造个性、出众的创造才能，概括来说就是为完成创新创造活动而具备的一种积极的心理品格（主要包括进取心理、事业心理、勇敢心理、自信心理、独立自主心理、坚韧心理等）。美籍奥地利经济学家熊彼特曾对"创新"这一概念做了解释，他认为创新就是"一种新生产函数"的建立，或者说是把全新的生产要素和生产条件相互组合并引入生产体系中去。熊彼特进一步明确指出"创新"的五种情况：第一引入新产品；第二引进新技术；第三开辟新市场；第四开拓并利用原材料新的供应来源；第五实现工业的新组织。当然，创新不仅是在生产和经济领域中的创新，还包括其他许多方面的创新。较高的创新能力是大学生在知识竞争的时代必备的素质，也是大学生全面发展的动力。面对科技飞速发展的挑战，大学生创新能力的培养势在必行。

4. 大学生政治素质教育。政治素质是指人们在社会活动中所必需的基本品质和内在基本条件，主要集中体现在一个人的人生观、价值观、政治立场、政治方向、政治参与技能等方面。大学生政治素质主要表现在以下三个方面：第一，要树立马克思主义的世界观和人生观、价值观，能够运用辩证唯物主义和历史唯物主义的观点去观察问题、分析问题和解决问题。第二，在现代思想观念方面，要树立现代意识（主要包括公民意识、民主法制意识、平等意识等）。第三，政治立场、政治观念方面，要树立共产主义的远大理想，拥有坚定不移的正确的政治方向，坚决拥护党的方针和政策。高校培养大学生的政治思想素质是培养21世纪社会主义建设者和接班人的首要任务。大学生政治思想素质如何，直接关系到当代大学生自身的发展以及21世纪人才的政治方向和中国的政治前途。所以，大学生只有把握时代脉搏肩负历史重任，坚定建设中国特色社会主义的理想、信念，才能成为建设社会主义的高素质人才。

5.大学生身心素质教育。大学生身心素质教育是身体素质与心理素质的合称，身体素质是指大学生应具备的健康体格，全面发展的身体耐力与适应能力，合理的卫生习惯与生活规律等。心理素质是指大学生应具备的稳定向上的情感力量，坚强恒久的意志力量，鲜明独特的人格力量。良好的大学生身心素质是大学生素质教育的重要目标，也是人的全面发展的重要保障。

6.大学生科学文化素质教育。大学生科学文化素质是其他素质的基础，是大学生素质教育的切入点和出发点，它直接关系到其他素质的形成和发展。如果大学生没有较高的科学文化素质，必然对其他素质的培养造成极大的不利影响。因此，必须加强大学生的科学文化素质教育，不断地提高大学生的综合知识素质和能力，培养教育大学生成为具有较高科学文化素质和能力的人才。

7.大学生专业技能素质教育。专业技能素质主要是指大学生经过专业教育培训后，自身所掌握的专业学科知识和能力在其生活工作中的具体体现和应用。大学生所拥有的专业和职业技能的素质，应该是专业知识扎实、基础牢固、有利于学科间的相互渗透，并能够很好地掌握所学专业的方法技能。同时，还要求具有理论与实践相结合的能力，能够灵活地运用所掌握的专业知识。

8.大学生个性素质教育。个性素质是指一个人的整体精神面貌，即具有一定倾向性的心理特征的总和，在思维、性格、品质、意志、情感、态度等方面不同于其他人的特质，这个特质对于大学生来讲表现于外就是他的言语方式、行为方式和情感方式等，遇到问题和困难时有自己的行为意识，不轻易被人左右，有主见、有创见地去办好事情。

9.大学生审美素质教育。审美素质是人的个性素质的一种境界化表现，是人与世界形成的一种无功利的、形象的和情感的关系状态，也是人们根据自身对某事物的要求所做出的一种对该事物的美丑看法。在高等教育中，审美素质教育对大学生良好素质的形成，起着特殊重要的作用，有利于提高大学生发现美、欣赏美、创造美的素质和能力。

二、大学生素质教育与其他素质教育的联系与区别

高等教育中的大学生素质教育不同于中小学，高等教育中的大学生素质教育从根本上来看并非只是针对"应试教育"而提出的，这决定了大学生素质教育与其他素质教育有一定的联系与区别。

高等教育的基本特点主要体现在性质、任务和教育对象等方面。有学者指出，首先高等教育建立在普通教育基础之上，是一种带有高层次性的教育，它主要是以培养各种各样的高级专门人才为重要取向。其次从年龄上来分析，大学生一般都是18岁以上的成年人，生理发育情况已基本成熟。由于大学生所接受的高等教育是建立在普通教育基础之上的，因此，大学生素质教育的良好基础在中小学阶段应该已基本形成，高等教育应该以中小学阶段为基础对大学生的基本品质结构加以发展与完善。相对中小学素质教育，大学生素质教育比较"高层次化"，这是大学生素质教育的主要特点。应该说，素质教育也是一个系统工程，在不同阶段有着不同的内涵和目标。由于过去我国中小学教育忽视素质教育，受"应试教育"和"升学率"的影响很大，因此，进入高校以后对大学生进行素质教育的"补课"也有其必要性，但我们也必须看到这只是权宜之计。设想如果大学生的素质教育与中小学的素质教育不能相互衔接，配套进行，如此"恶补"下去，势必阻碍大学生对"高深专门学问"的学习和研究。据调查显示，目前对大学生进行素质教育的主要措施之一是开设人文素质教育方面的课程，但是在课程进行过程中却遇到两个问题：首先是现在大学生每周排课已经有些紧张，如果再用"加法式"增课会令

学生无法承受如此沉重的负担；其次是人文素质必须由人文知识"下学上达"地"内化"才能转化为素质，在提高大学生素质教育方面仅靠多上几节人文方面的素质教育课程就想立竿见影，实在很难做到。细加分析就能看出，以上两个问题都折射出对大学生素质教育的特点的准确把握非常重要。否则，中小学欠"债"大学还，久而久之，最后可能导致大学生的素质教育和专业教育都抓了，又都抓不好的后果。

根据高等教育的任务和性质，大学教育与中小学普通教育不同的另一个显著特征，就是大学进行的是专业性教育。如果说普通教育培养的是一般的社会公民，那么高等教育培养的则是术业有专攻的高级人才。大学课程包括理科、文科、工科、医科、农科等各种科目，文科专业中又包含有文、史、哲、经济、艺术等学科专业。因此，大学生素质教育应当呈现出"多样化"的特点。因此，不同类型的高等院校，对于大学生素质教育的要求也有所不同。例如，清华、北大学生的素质教育与部分专科院校的素质教育在内容、层次上有很大的不同；即使清华、北大内部，其素质教育的方式和形式也不应强求一致。如果没有区别就意味着素质教育失去了层次和类型，千篇一律，万人一面，必然会导致素质教育的意义和效果的无形消弭。当然，无论哪一类型的大学生素质教育都必须有一个高于中小学生素质教育的标准。这里所谈的特点，旨在强调大学生素质教育必须与其专业性教育的层次和类型相对应地各具特色和有所区别。其中，大学中多样化的素质教育是相对的，高于普通教育的素质教育水平是绝对的。

特别应当指出的是，从素质教育强调要学会做人做事这一层面来分析，大学生素质教育与中小学生素质教育似乎没有什么明显的差异。然而，前文已经提到，现阶段中小学素质教育主要是针对"应试教育"而提出的。高校教育虽然也存在应试教育现象，但主要不是针对应试教育而提出的，而是针对中小学素质教育的不足而进行的"补课"性质的教育。这影响了开展适应高等教育需要的大学生素质教育。大学生素质教育不仅要求大学生"学做人做事"，而且要求大学生"会做人做事"。有学者指出，21世纪的工科大学毕业生在毕业之前至少要做好回答四个问题的准备：一是"会不会做"；二是"值得不值得做"；三是"可不可以做"（看你能否在社会法律法规、政策、习俗等允许的前提下把事情办成、办好）；四是"应不应该做"。

三、结束语

大学生素质教育与人的全面发展具有内在统一性。它是新时期人的全面发展理论在社会主义条件下的具体运用，也是马克思主义关于人的全面发展理论在新形势下的新实践。如何更好地实现人的全面发展，科学实施大学生素质教育，仍需深入研究。

参考文献

[1] 马克思恩格斯选集（第 1 — 4 卷）[M]. 人民出版社，1995.

[2] 李洪波，刘颖，任泽中. 大学生素质教育机构的立体网状运行

机制探索 [J]. 江苏高教，2015，（1）.

[3] 陶晶晶 . 高等院校大学生素质教育系列丛书 [M]. 东南大学出版社，2011.

[4] 邹渝 . 大学生人文与科学素质教育读本 [M]. 复旦大学出版社，2011.

基于"三体系融合、三课堂联动"的仁爱文化育人模式 [①]

——以宁波卫生职业技术学院为例

　　党的十九大报告指出:"深入挖掘中华优秀传统文化蕴含的思想观念、人文精神、道德规范,结合时代要求继承创新,让中华文化展现出永久魅力和时代风采。" [②] 习近平总书记将中华优秀传统文化提升到崭新阶段,赋予中华优秀传统文化时代内涵。2014年,习近平总书记在北京师范大学看望师生时提出:"做好老师要有理想信念、道德情操、扎实学识和仁爱之心。"2016年,习近平总书记在全国卫生与健康大会上,用"敬佑生命、救死扶伤、甘于奉献、大爱无疆",概括了广大卫生与健康工作者的职

---

①　作者简介:俞立军,宁波卫生职业技术学院。

②　习近平.决胜全面建成小康社会 夺取新时代中国特色社会主义伟大胜利——在中国共产党第十九次全国代表大会上的报告 [M].北京:人民出版社,2017:42.

业精神。①

具有90余载的宁波卫生职业技术学院自建校以来，十分重视传承中华优秀传统文化。近年来，以习近平新时代中国特色社会主义思想为指导，坚持立德树人、倡导以文化人，落实习近平总书记对"四有"好老师的要求、对广大卫生与健康工作者职业精神的要求。探索基于"三体系融合、三课堂联动"的仁爱文化育人模式，即融合仁爱文化日常教学体系、仁爱文化活动体验体系、仁爱文化社会实践体系，联动第一课堂、第二课堂、第三课堂，以此深化仁爱认知、固化仁爱行为、升华仁爱精神。

一、卫生健康类高职院校建设仁爱文化的现实选择

中华优秀传统文化中蕴含着"仁义""和合""和平""均等"等思想。卫生健康类高职院校担负着培养未来卫生与健康工作者的使命，无论是争做"四有"好老师，还是培养学生的职业精神，建设仁爱文化成为现实选择。

（一）履行"四有"好老师基本要求的需要

2014年，习近平总书记在北京师范大学看望师生时提出："做好老师要有理想信念、道德情操、扎实学识和仁爱之心。"②老师是学生成长进步的伴读者、引导者，更是校园文化的最深厚基础。有什么样的老师队伍，就有什么样的学生，更有什么样的校园文化。教师蕴含着爱与责任，这种爱就是"仁爱"。要有仁爱

---

① 深入学习习近平关于教育的重要论述 [M]. 北京：人民出版社，2019：40.

② 深入学习习近平关于教育的重要论述 [M]. 北京：人民出版社，2019：40.

之心，是对全体老师的要求，更是对卫生健康类高职院校老师的特殊要求。

（二）培养职业精神的需要

2016年，习近平总书记在全国卫生与健康大会上，用"敬佑生命、救死扶伤、甘于奉献、大爱无疆"，概括了广大卫生与健康工作者的职业精神。纽约名不见经传的特鲁多医生，其墓志铭影响深远："有时，去治愈；常常，去帮助；总是，去安慰。"培养医学生同情感、仁慈心是医德教育的核心，是医学教育工作者不可忽视的努力方向，也是社会主义和谐社会不可缺少的一项工程。要成为一位合格的卫生与健康工作者，不但要具备扎实的专业技能，而且要具备良好的职业精神和高尚的职业道德。

（三）增强文化自信的需要

中华优秀传统文化源远流长、博大精深。孔子开创的儒家思想把"仁"作为最高道德规范，成为中华优秀传统文化精神之源，对我国文化和社会的发展产生了重大影响。仁爱是中国儒家文化的思想内核，也是传统伦理道德的至高标准。传承中华优秀传统文化，就要大力弘扬讲仁爱、重民本、守诚信、崇正义、尚和合、求大同等核心思想理念。

（四）传承优良校风的需要

未来医学生要担负起为国民健康服务的重任，必然发扬儒家的"仁爱"之心。学校创始专业为护理，护理界前辈身上体现着救死扶伤、甘于奉献、大爱无疆、关爱他人的精神。学校办学历史上，师生一言一行体现着乐于奉献、乐善好施、教书育人品质，形成优良的校风。从2013年开始，学校以确定校训为源头，以制定《章程》《十三五事业发展规划》和召开学校首次党代会为契机，不断完善仁爱文化建设的顶层设计，以仁爱文化作为学校主导文化，让仁爱成为师生的价值追求和行动自觉。

二、卫生健康类高职院校仁爱文化育人作用发挥

（一）高职院校仁爱文化在育人中作用发挥现状

在高职院校落实立德树人根本任务，中华优秀传统文化中的思想精华具有不可替代的重要作用。目前，不少高职院校建设仁爱文化或者与仁爱文化相关的校园文化。长沙民政职业技术学院凝练爱心特色校园文化；济宁职业技术学院培育"仁和敬信"校园文化。同时，高职院校在仁爱文化育人方面，特别是三课堂联动方面需要加强。赵妮娜认为，在实际的工作中，"三个课堂"各自为战，彼此之间的契合度不够，缺乏有效地融会贯通，降低了工作的实效性。一项针对高职院校仁爱文化育人的调查显示，建设仁爱文化或者和仁爱文化相关的校园文化大多没有形成合力：宣传部主要负责精神文化，团委主要负责校园活动及志愿服务活动，马克思主义学院（或相关部门）主要负责思政课教学，教务处主要负责课程思政改革。无法实现既内化于心又外化于行，无法发挥1+1+1＝3或者1+1+1＞3的作用；甚至，由于部门之间存在协调问题，还会出现1+1+1＜3的情况。

(二)卫生健康类高职院校基于"三体系融合、三课堂联动"的仁爱文化育人模式思考

教育是传承和弘扬中华优秀传统文化的重要途径，也是彰显中华优秀传统文化价值的重要方式。学校作为教育的主阵地，如何发挥三课堂联动作用？一般认为第一课堂、第二课堂、第三课堂分别为教学、活动、实践。三个课堂之间到底是什么关系？要把第一课堂、第二课堂和第三课堂打通，充分发挥第一课堂的主渠道优势，不断加强第二课堂的活动育人作用，丰富第三课堂的实践育人的内涵；相互联系、相互影响、相互补充；既分又合，分是由不同部门完成相关工作，合是形成合力，实现"三全育人"。卫生健康类高职院校可以探索基于"三体系融合、三课堂联动"的仁爱文化育人模式，可以建立仁爱文化育人实施机构，由党委主要负责人担任领导，牵头完善顶层设计、统筹规划、综合协调。

三、卫生健康类高职院校基于"三体系融合、三课堂联动"的仁爱文化育人模式的实践

当前，如何让流淌在传统文化之中的大智、大真、大善、大美易于让当代大学生接受、形成自身有特色的继承弘扬中华优秀传统文化的科学体系，成为重大课题。仁爱文化作为一种情感文化需要切身体验才可以感受进而付诸实践。宁波卫生职业技术学院以"家国情怀教育、社会关爱教育、人格修养教育"为基本架构，探索基于"三体系融合、三课堂联动"的仁爱文化育人模式。

见附表1。

（一）第一课堂：建立仁爱文化日常教学体系

第一课堂以深化仁爱认知为主要内容，把仁爱文化纳入人才培养方案、把仁爱教育融入日常教学基本内容；在职业素养养成教育学分中划出相应学分，通过教学体系的建立实施，使仁爱文化内化于心。

一是挖掘仁爱元素推进课程思政改革。在专业课中要渗透人文情怀。把无语良师大爱精神融入课堂，升华学生的仁爱精神。课前向遗体鞠躬，课后献花表达敬意，使原来"冷冰冰"甚至令人望而生畏的人体解剖课透出温暖的人文情怀，让学生在收获专业知识同时提升人格。

二是开设仁爱专题创新思政课堂教育。在《思想道德修养与法律基础》教学中，分知性人生等三大板块，其中知性人生设置"仁爱：让生命更高贵"专题，培养学生关爱生命、关爱社会、关爱自然、关爱人类的人文情怀。

三是开发体现仁爱主题的校本教材。编辑、出版《健康人文》《华美讲堂》《仁爱——师生践行仁爱媒体报道汇编》等校本教材，提高学生关爱病人、尊重生命的职业意识。

四是开展仁爱特色的教学活动。设计以"生命起源""生命、感恩、责任、励志""寻找医学世界精神领袖"为内容的教学活动。开展仁爱文化大讨论和仁爱文化调查，尊重、真诚、责任、奉献、宽容、关怀成为全校共同追求的仁爱精神。用理论指导实践，把仁爱文化研究成果用于日常教学。

（二）第二课堂：建立仁爱文化活动体验体系

第二课堂以固化仁爱行为为主要内容，通过校园文化活动，使仁爱文化潜移默化地熏陶师生的思想方法、道德意识、价值取向、行为方式，促进师生自觉学仁爱、讲仁爱、行仁爱，使仁爱文化从内化于心向外化于行转化。

一是创设"华美讲堂"。以"仁爱·健康·人文"为主题，邀请中央电视台《百家讲坛》主讲人董平教授、山东师范大学孙书文教授、浙江省首位南丁格尔奖章获得者邹瑞芳等13位名家分别讲授了《从王阳明那里学习如何做人》《中国传统文化中的"仁爱"思想与社会主义核心价值观》《用爱和知识呵护患者》等。聘请5位名家担任仁爱文化导师、2位名家担任仁爱文化大使。

二是举行以仁爱为主题的节庆活动。举行仁爱文化节，把专业特色与仁爱文化相结合，培养学生敢于担当的优秀品质和无私奉献的高尚情操。举行仁爱读书节，设立仁爱图书专柜，激励学生呵护人类的生命健康。举行护士节加冕仪式，通过庄严宣誓，学习南丁格尔精神，增强学生专业自豪感和社会责任意识，促进学生树立关爱生命的大爱情怀，激励学生呵护人类的生命健康。

三是开展仁爱文化活动。举行以"仁爱"为主题的情景剧《南丁格尔》，让学生在做中学、学中做。开展志愿献血、评选"仁爱之星"等，培养师生大爱意识。举行献爱心送温暖等，关怀家庭经济困难的学生，激励学生以自强自立的精神不断克服困难、反哺社会。美国路易斯安那州立大学前教授乌蔚庭捐款人民币150余万元设立"乌氏健律助学金",连续21年每年资助2～6名家境清寒学生完成学业。

四是营造仁爱文化环境。设立象征仁爱精神的南丁格尔雕像,使校园处处都能切身感受到行业文化的浸润和感染。建设校训石碑、校训文化柱,以及以校训命名的"仁爱路""健康路"等,将仁爱文化体现在学校角角落落。制定《师德规范》等,将"服务社会、仁爱健康"纳入师德规范要求,使"仁爱、健康"文化融入学校教学、管理、服务各个环节。

(三)第三课堂:建立仁爱文化社会实践体系

第三课堂以升华仁爱精神为主要内容,通过创新实践方式、启发思考感悟、内化思想行为,把仁爱文化建设落细、落小、落实,使仁爱文化在内化于心的基础上,外化于行。

一是创设"宁卫号"健康专列志愿服务品牌。"奉献、友爱、互助、进步"志愿精神与中华传统美德中助人为乐、扶贫济困、乐善好施等这些激励人们向上向善的仁爱思想相通,与仁爱奉献校园文化精神相融合。将仁爱文化、人文教育整合到教学实践中,加强校企合作、工学结合,做好教、学、做一体化工作。将志愿服务和专业实践结合起来,把志愿服务融入人才培养中,在2012年成立志愿服务组织"健康家园"的基础上,2016年整合志愿服务项目"宁卫号"健康专列,积极开展专业志愿活动。目前,累计组织志愿服务2846场次,参加志愿服务4.66万人次,直接受益群众27万人次,赢得了受众群体和社会的广泛好评,产生了良好的示范效应。被《中国青年报》等媒体报道，获第三届中国青年志愿服务项目大赛银奖等。

二是培育校园文化品牌。通过培育以仁爱为主题的校园文化品牌，完善以学分认证和大学生素质拓展认证为主体的考核激励、以表彰奖励为主要形式的荣誉激励。依托卫生健康类专业优势，培育了"爱心天使""青春健康""健康阳光""健康家园"校园文化品牌，培养学生强烈的社会责任感和奉献精神。

宁波卫生职业技术学院探索基于"三体系融合、三课堂联动"的仁爱文化育人模式，充分发挥高校文化传承和育人功能，取得了显著成效。学校涌现出了受习近平总书记接见的党的十七大代表裘秀菊、受李克强总理接见的获民政部"孺子牛奖"的陈亚萍等杰出校友。学校获教育部职业院校文化素质教育指导委员会全国文化素质教育（校园文化育人类）优秀案例、全国中华优秀传统美德教育成果案例、国家首批青春健康教育示范基地、省高校文化育人示范载体、省高校教书育人典型案例等。

附表1：

"三体系融合、三课堂联动"的仁爱文化育人模式

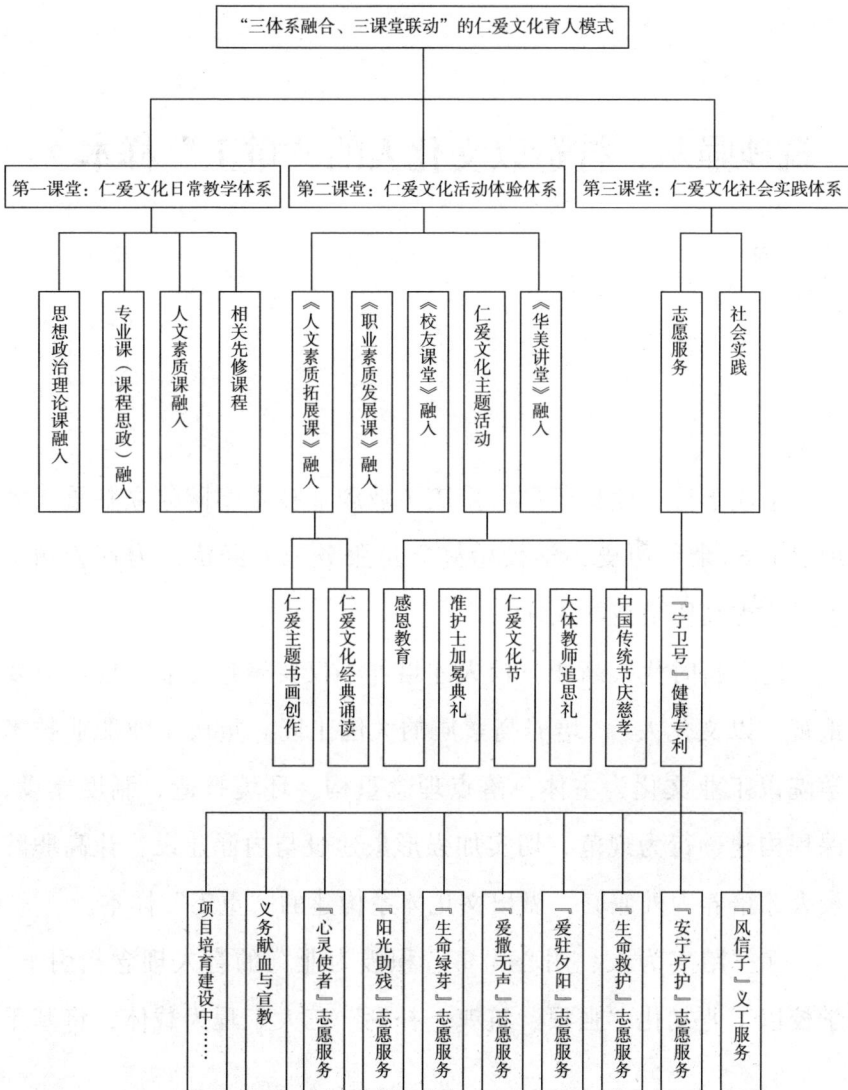

```
          "三体系融合、三课堂联动"的仁爱文化育人模式

第一课堂：仁爱文化日常教学体系   第二课堂：仁爱文化活动体验体系   第三课堂：仁爱文化社会实践体系

第一课堂：
  思想政治理论课融入
  专业课（课程思政）融入
  人文素质课融入
  相关先修课程

第二课堂：
  《人文素质拓展课》融入
  《职业素质发展课》融入
  《校友课堂》融入
  仁爱文化主题活动
  《华美讲堂》融入
    仁爱主题书画创作
    仁爱文化经典诵读
    感恩教育
    准护士加冕典礼
    仁爱文化节
    大体教师追思礼
    中国传统节庆慈孝

第三课堂：
  志愿服务
  社会实践
    "宁卫号"健康专利
      项目培育建设中……
      义务献血与宣教
      "心灵使者"志愿服务
      "阳光助残"志愿服务
      "生命绿芽"志愿服务
      "爱撒无声"志愿服务
      "爱驻夕阳"志愿服务
      "生命救护"志愿服务
      "安宁疗护"志愿服务
      "风信子"义工服务
```

筑魂强基，打造以文化人的"重工"样本 [①]

工成于思，业精于勤。重庆工业职业技术学院屹立在重庆大地已有60余年历史，学校始终立足服务地方经济，为社会输出大量优秀高质量技能人才。

进入新时代，高职，校人才培养不仅要聚焦专业技能，更要重视"以文化人"，培养高素质的大国工匠。重庆工业职业技术学院以工业文化为主体，落点理念重构、环境打造、制度建设、课程构建、行为规范，切实加强形象建设与内涵建设，让高职院校人才培养内外兼修，做出文化体系构建的"重工"样本。

在"踏实为人、用心为事、积极为业"的育人理念指引下，学校以工业文化"强根、筑魂、补钙"三大工程为载体，将基于

---

① 作者简介：王官成，钟艳红，杨婧娴，重庆工业职业技术学院。

核心价值体系的教育理念融入教书育人全过程，传承60余年办学历史和办学特色，凝练和践行"工成于思、业精于勤"的校训，"团结、诚信、笃行、创新"的校风，"技高为师、德高为范"的教风，"志存高远、勤奋学习、追求真理、全面发展"的学风，传承以工业文化为主线的校园文化育人基因。

多元文化体系的背后，是重庆工业职业技术学院基于立德树人根本任务的深度思考。

在重庆工业职业技术学院看来，校园环境不仅是学生学习生活的空间，更是将文化理念物化，于潜移默化中影响人、塑造人的重要育人载体。

走进重庆工业职业技术学院，一股浓浓的"现代工业风"扑面而来。学校成立了"工业职业技术学院校园文化建设办公室"，制订了"一廊四园十二景"校园景观文化整体构架方案。

从由67台机器组成的工业文化大观园到承载文化传递的校史馆、文化感知的展览馆，再到教室、实训室、工作室，乃至学生生活区和体育活动区，学校将工业文化融入校园环境每一个细节中，一品一景似乎都在诉说着"重工"人的工业情怀。

学校育人的核心阵地在于课堂，高职院校育人目标的特殊性决定了校园文化构建中校企协同的特性。以校企协同育人为依托，学校将工业文化融入制度建设和课程体系构建中。从顶层设计上，学校在引入ISO9000的基础上，以学校章程为统领，持续改进和修订200余项制度，整体长远设计和推进学校工业文化育人。

"课堂即企业，上学即就业"是重庆工业职业技术学院育人实践的真实写照。学校构建机构、平台、专业三大对接机制，大力推行现代学徒制、订单式等工学结合的人才培养模式。构建四模块、五递进的职业素质课程体系，在53个专业人才培养方案的编制中，融入制造文化、汽车文化、IT文化、财经文化、管理文化等8大特色专业文化。

学校还以专业文化素养和职业人文素养为核心，将职业价值观、服务质量、责任安全、节能环保和行业法规渗入具体课程，开设《企业文化》《职场社交礼仪》等69门线上线下职业素养必修和选修课程。

此外，学校还以技能竞赛和学生活动为抓手，依托60多个专业文化社团，充分利用各种节庆、仪式、典礼等开展1100多场主题教育和校园文化活动，让学生在实践中体验和浸润工业文化。

"从进入学校的第一天，就让学生沉浸在浓厚的职业文化氛围中，按照行业企业要求制定培养标准，学生一毕业就能成为合格的从业者，受到用人单位的高度肯定。"学校相关负责人表示。

历经多年的探索和实践，重庆工业职业技术学院文化体系构建自成一派。学校不仅获批首批全国职业院校工业文化研究院工业文化研究中心，还被确定为2018年全国职业院校校园文化建设"一校一品"校园文化品牌示范基地，真正做出了以文化人的"重工"样本。

坚持专业育人、实践育人、文化育人"三位一体"，培育德智体美劳全面发展的应用技能型人才 [①]

重庆工业职业技术学院是全国首批28所示范高职院校之一，基于重庆是我国最大的天然气化工基地、重要的精细化工基地和全国五大老医药工业基地之一的实际，于2010年设立了二级学院——化学与制药工程学院，构建了医药化工专业群，先后开设了工业分析技术、应用化工技术、工业分析技术（医药质控方向）、药品生产技术、药品经营与管理专业、药品质量与安全6个专业。在人才培养过程中秉承立德树人、德育为先的理念，构建了专业育人、实践育人、文化育人"三位一体"的人才培养体系，以社会需求为导向，以创新应用技能人才培养为重点，建立了招生、培养与就业的联动机制，为社会培养了一批批思想道德好、专业知识精、创新意识浓、实践能力强的应用技能型人才。

---

① 作者简介：段益琴，彭燕玲，吴明珠，周永福，重庆工业职业技术学院。

一、坚持将立德树人贯穿人才培养始终，着力强化学生的思想政治素质

高等职业教育肩负着培养高素质应用技能人才的使命，而高素质人才不仅体现在科学技术素质，更重要的是思想政治素质。化工医药学院在人才培养的过程中始终坚持立德树人，德育为先的理念，不断丰富"重工文化"内涵，以"三为"育人理念为指引，探索"三全"育人模式，使思政课程与课程思政有机融合。除了思想道德修养与法律基础、毛泽东思想和中国特色社会主义理论体系概论等必修课，还开设有大学生心理健康教育、形势与政策、职业生涯规划与就业指导、大学语文、大学生安全教育等课程，同时以军训、入学与毕业教育、操行考核等为抓手，以红色革命教育、普法教育、专题讲座、主题党日活动、"三下乡"社会实践、"环保时装秀""青爱微课堂"和"活在当下·共享幸福"演讲比赛等为载体，促使学生积极培育和践行社会主义核心价值观，不断提高学生的思想政治素质。

二、坚持以专业教育为本位，提升学生专业知识与技能水平

学院紧密结合重庆区域化工医药产业链，打造出原料筛选与采购、中间体与原料药的生产、药物制剂、药品质量控制、废水监控与处理、药品管理与销售一条龙式服务于化工医药产业链的专业群。构建并实施了"三进三化"的教学模式，搭建了基础

课程平台、核心课程平台、实习实训课程平台,实现了教学实境化、课程项目化、项目任务化。建设、整合了校内外实训基地,校内实训基地有专项实训室、专业群通用技能实训室,将这些实训室按专业群所面向的领域组合成"重庆市教委化工污染防治应用技术推广中心""中医药物研究所",即"校中厂";针对性地选择区域产业链中知名企业,如龙海石化、博腾制药、大新药业、春瑞医药等签订校企合作协议,建立校外实训基地,实现实践教学、职业培训、技能鉴定、产品研发与生产等功能,使企业与学校资源共享,即"厂中校"。与此同时,学院还积极打造成熟的专业群教学团队,设立了校级"学术技术带头人""专业负责人""教学名师工作室""技能大师工作室"等岗位,从而实现教学团队的优化与提升;通过"校企双方兼职"不断充实兼职教师库,同时也为"双师型教师"的培养提供更宽广的平台。此外,以大数据、云计算为技术基础,依托智慧校园等平台,建设以教学为中心的数字化教学资源库,通过"云课堂""微课""慕课"等形式,同步并传递课堂教学,实现专业群内教学资源的共享,为打造专业群精品教学资源库奠定坚实的基础。通过专业群的建设和改革,促进了课程平台、实训基地、师资建设以及校企合作,大大提高了教学水平,保证了专业教学质量,使学生的专业知识与技能得到了提高。在工业分析与检验、化工生产技术等全国职业技能大赛中屡获佳绩。谢茂林等8位同学先后荣获全国技能大赛二等奖2项和三等奖3项;曾川等9位同学先后荣获省(市)技能大赛一等奖、二等奖1项,三等奖2项;李德聪等9位同学获石油化工行业技能大赛二等奖2项、三等奖4项;杨恩绪等5位同学获荣重庆市第五届大学生创新创业大赛荣获三等奖1项；罗羽辰等5位同学获第五届中国"互联网+"大学生创新创业大赛重庆赛区选拔赛银奖1项。

三、坚持以创新创业为动力，提升学生的实践水平

在"大众创业、万众创新"的大背景下，重庆工业职业技术学院化工医药专业群进一步将创新创业工作推上了新高度，将创新创业教育融入专业群的人才培养过程中，开设了创新创业通识课程和实践课程，使通识教育、实践指导、动力驱动、文化引领有机融合，成功搭建了创新创业教育体系。在"桃源大道"工作室和"一空间四平台"重工创新创业园成立了精细化工创新创业团队，指导学生参加创新创业技能大赛，一大批学生如谢燕清、罗燮沂、罗羽辰、张琴、黄海、李顺等投身于创新创业大潮中，先后创办了重庆淋德拉环保科技有限公司、重庆茉林卡日化有限公司、重庆奥菲物装饰工程公司等公司及实体经营店，践行工匠精神，以创促变。

四、坚持以文化教育为阵地，促进学生的个性发展

文化教育是促进学生发展个性特长的有效途径，为培养健康积极的个性倾向、展现当代青年独特的个性魅力与风采、培育大胆创新的个性和勇气、促进学生的全面发展，重庆工业职业技术学院成立了书画、音乐、舞蹈、摄影、文学、礼仪等艺术素质教育中心，化工医药专业群所在的二级学院——化学与制药工程学

院也搭建了党支部建设平台、爱国主义教育基地平台、"团体辅导与学习"平台、党员教育实践平台、孝道教育实践平台、文明劝导岗位、入学就业信息咨询平台、社会实践基地平台、技能大赛经验分享平台、大学生成长论坛平台、党员示范岗等平台，通过学生会、团委和学生社团，将学生进行分层、分类管理和教育，并选派有专长和责任心的专任教师给予指导，每年划拨专项资金给予支持。

通过党支部建设平台，带领一批专业学生积极参与政治学习，"学习宣传贯彻党的十九大精神""校领导给联系学院讲党课""总支书记在二级学院讲党课"、落实"三会一课"制度等，积极引导青年大学生参加政治学习；将重庆市红岩魂陈列馆、曾家岩周公馆、渣滓洞、红岩村、革命烈士墓、陈独秀旧居等作为爱国主义教育基地平台，每年定期组织专业学生到这些地方学习革命先辈的先进事迹，开展思政课程实践课堂；利用"团体辅导与学习"平台，组织大学生观看党史教育片，学习党的十九大精神，观看《厉害了，我的国》《辉煌中国》等，增强大学生对党和国家事业的认识。利用党员实践平台，做好辐射群体典型工作；利用社会实践基地、技能大赛经验分享、大学生成长论坛、党员示范岗等平台，引导一批批优秀青年大学生在工作、学习、生活中践行社会主义核心价值观，向身边同学积极宣传贯彻党的十九大精神；通过党员教育实践平台开展党员进社区、进校园、进班级；通过孝道教育平台，定期开展进老年人中心服务活动，引导青年大学生传承中华民族传统美德，培养学生的组织协调能力；通过文明劝导岗位，引导青年大学生理论结合实践，开始思考社会存在问题，寻找解决问题方法；通过入学就业信息咨询平台，引导青年大学生正确认识和认可自己的学校、专业，同时向社会青年宣传国家的资助政策、招考政策和就业政策等。

这些平台的搭建，为提高学生的理论素养、实践动手能力、团队意识、学习能力、组织协调能力等奠定了坚实基础，促进了学生德智体美劳全面发展，助推了毕业生充分就业和高质量就业。

经过9年建设，先后通过学生会、团委和学生社团，培养的学生干部约50人，获市级优秀14名，获校级优秀59名，学生党员40名，每年毕业生就业率均达98%以上，专业对口率为78%，高质量就业的比例达到67%。其中有15名同学到中国工程物理研究院和中国石油天然气集团有限公司等单位，实现高质量就业。